你就是最好的家长

教育专家淘猫妈15年家教心得

淘猫妈 ◎ 著

重庆出版集团 重庆出版社

图书在版编目（CIP）数据

你就是最好的家长 ／ 淘猫妈著. —— 重庆：重庆出版
社，2011.1

ISBN 978-7-229-01077-5

Ⅰ.①你… Ⅱ.①淘… Ⅲ.①家庭教育 Ⅳ.①G78

中国版本图书馆CIP数据核字(2010)第229108号

你就是最好的家长

教育专家淘猫妈15年家教心得 ●●●

出 版 人：罗小卫　　　　　特约编辑：肖贵平　李明军　周彩莲　王宏亮

策 　 划：华章同人　　　　封面设计：罗 雷

作 　 者：淘猫妈　　　　　版式设计：李自茹

插图绘制：央美阳光　　　　美术编辑：王秋成

责任编辑：陈建军　陈红兵　制 　 作：（www.rzbook.com）

重庆出版集团
重庆出版社 出版

（重庆长江二路205号）

北京瑞禾彩色印刷有限公司 印刷

重庆出版集团图书发行公司 发行

邮购电话：010-85869375/76/77转810

E-MAIL：tougao@alpha-books.com

全国新华书店经销

开本：787mm×1092mm　1/16　印张：16　字数：200千字

版印次：2011年1月第1版　2011年1月第1次印刷

定价：32.00元

如有印装质量问题，请致电023-68706683

Foreword 推荐语

　　本书能告诉我们不少家庭教育的思路和方法，都是作者亲历亲为的。但本书的特色不在这里。本书的特色是，作者不想教导家长，也不想教家长如何整治孩子，而是以自身为例，描述了家长心灵的成长过程，研究家长与孩子如何共同享受家庭教育。这里，孩子在成长，家长也在成长，而不是一个停止成长的家长，每日焦虑痛苦地和孩子较劲。作者态度诚实，率真，见解独到，能言人所未言，且思想富于现代色彩。读此一家言，万家可受益。

北京教育科学研究院基础教育研究所　王晓春

2010.9.16

●●● 你就是最好的家长

从事家庭教育方面的工作已十几年了，随着自己工作内容的不断增加，我在家庭教育方面的经验也慢慢丰富起来，渐渐地有朋友主动找上门邀请我写文章、出书。由于自己写博客，所以向我约稿之事，我一般都会欣然接受，只是出书一事，我从未答应过。要知道现在关于家庭教育方面的书籍真可谓五花八门，内容繁多：有的教育家长在教育孩子时应该如何做，有的教育家长在教育孩子时不应该做哪些事，还有的则讲述自己如何教育自家的孩子走向成功。

同样是家长的我，在十几年前看到这些家庭教育方面的书籍时，不免心生焦虑，常常感到自己真的不会当家长，不知道应该如何面对孩子才好。那些书里写的办法都对，说的道理都好，人家的孩子也都很优秀，可一旦把那些办法拿出来用在自己孩子身上时却发现，事情远远没有我想得那么简单。久而久之，这些家庭教育方面的书变成我案头的一堆鸡肋：读之深感焦虑，用之又感痛苦，不学不用又心有不甘……

由于这些切身的感受，当朋友邀请我出书时，我都采取了婉拒的态度。我可不想让自己写的东西成为大家的鸡肋，也不想让家长朋友读过我的书后焦虑不堪。现在当家长已经很难了，他们需要减压，降低焦虑，这样家长与孩子才能快乐起来，也才会有好的家庭教育效果，这才是我内心真实的追求。

有人说："既然你想为家长们减压，太好了，就多给家长支些教育孩子方面的'好招儿'吧，当家长们'妙招儿'在手，一用就灵时，他们的焦虑度当然就会下来，你所说的减压效果不就达到了嘛！”面对这样的话题，我依然会说：“不，我没有什么家庭教育妙招儿给大家。就是有，我也不会教给大家，这不是自私，而是我的教育小招儿只属于我，别人用就不一定灵验了。许多家长的床头、桌案之上都会有各种家庭教育方面的图书，它们多数的命运是被束之高阁，我想这其中的原因可能就在于‘别人之招非我之招’吧。”

请大家想一想，一遇到家庭教育方面的问题就向书里去寻求解决办法，向那些专家求教答案，到底是写书的作者们在成长、那些被求教的专家在成长，还是提问的家长朋友们在成长呢？我想应该是前两者吧。被求教者不断地思考，家长们则变成了等待者。再有，哪位老师、作者、专家对孩子的了解程度能超过孩子的父母呢？孩子和孩子不同，每个孩子来到这个世界上都是独一无二的。他的父母同样是独一无二的，因此这个家庭也是独一无二的……

每个家庭、每个孩子都具有共性，也具有其独特性。如果谁想生搬硬套别人的方法，使用别人给出的教育“妙招儿”，最终的结果大多会以失败告终。同样的招儿在不同的孩子身上起的效果不一定一样。《哈佛女孩刘亦婷》这本书许多人都看过，那个训练孩子毅力的方法，在刘亦婷身上很成功，使之体会到了毅力，是一个培养孩子毅力的高招儿，而在许多别的孩子身上却变成了使那些孩子说谎骗人的败招儿。这是孩子的错吗？不是！这是招儿的错吗？不是！这是图书作者的错吗？不是！这是家长的错吗？也不是！这是不分情况、不问前提、不动脑子生搬硬套之错！

因为经历过太多这样的事情，所以我不想向家长朋友们支招儿，也不想出这方面的图书。如果家长朋友们自己不具有可以正确使用各种办法的心态，不具有自己面对自己的孩子想出独一无二的、适合自己孩子教育的妙招儿的能力，我告诉大家的任何家庭教育招数最后都是一个字：死！因为这样出来的招儿再妙，最后都只能变成死招！

从家长朋友们急于向别人讨教教育妙招儿的行为中，我可以感到大家都有些“人在江湖，身不由己”之感，在“时不我待”的情况下，家长朋友们很怕在孩子的教育上走弯路。表面上这一切是为了孩子好，其背后更深层的问题是：怕在教育孩子这个问题上承担责任。"从众"或许会有一些不好的结果，同时也会有一些比较好的结果。如果家长按照自己独特的想法去做，孩子长大后结果不好，责任当然要由操作者承担。既然这样，许多家长朋友们宁可选择从众，也不愿意选择探索与冒险。

从这段分析中不难看出，不是家长朋友们身不由己，而是家长不愿承担后果与责任，是家长自己的心理承受力的问题。

我对家庭教育的理解，不是教给家长如何教育孩子，而是与家长共同成长，使家长可以面对自己，把心底的"害怕"找出来，再把这"害怕"放在自己面前，直视它，找出对付这些"害怕"的办法，达到解决问题的目的。当这一过程变成自己生活中的习惯，面对得多了，解决得多了的时候，自己就成长了。在成长过程中，家长的心态会有所改变，行为也会随着心态的改变而改变，孩子则在家长行为的变化中产生变化，达到家长期待的成长与成熟。我想这是现在自己唯一能做的事情。

面对我多次婉拒出书的理由，面对我这些与大家不尽相同的家庭教育想法，原以为日知图书的编辑会如过去那些出版社或是图书公司的朋友们一样知难而退。但没想到的是，他们接受我的这些想法，愿意把我以前所写的博文集合成册，出一本能给家长朋友们减压的图书。他们的态度感动了我，使我作出了出版此书的决定。书中，我遵循与家长朋友们共同成长的原则，从生活中的小事着手，反思自己，也反思作为家长的我的行为。家庭教育不是一个结果，而是一个过程：当我们追求在教育上少走弯路、多快好省时，其背后却孕育着巨大的风险；当我们追悔自己在教育上多走的弯路时，其背后却是人生经历丰富的曙光……

希望我的这本书，可以成为家长朋友们夏日品的凉茶、冬日喝的银耳桂圆汤……

淘猫妈

女儿送我的外号——淘猫妈

要出书总要写上作者的姓名，我选择用"淘猫妈"作为此书的署名，因为这是我的网名，也是我从事家庭教育工作以来最为珍爱的一个名字，更是因为这个名字是我家孩子给我起的外号。小家伙在上二年级时写了一篇关于我的周记，题目就叫《淘猫妈》，说我的行为异于常人，不配给她当妈妈，只能给猫当妈妈，比猫都淘气。由于小东西的语言稚气可爱，此文得到了许多语文老师的称赞，后来这篇周记被一位记者朋友登到了《燕赵都市报》"尖尖角"版面之上。再往后，小家伙又用这篇日记向"世界华人作文大赛"投稿，竟然得到了二等奖，由于《淘猫妈》有这许多精彩的经历，我对它便情有独钟，为了方便大家了解"淘猫妈"的来历，也方便大家了解我，特把小女的这篇小文放在这里让家长朋友们欣赏：

淘猫妈

我告诉你们一些我妈妈的事儿吧，她有时候就像我们家养的小猫一样，那么淘气。现在是冬天了，外出时妈妈就会让我穿上一件大棉袄，袖子特别长，我的手可以缩在这长长的袖子里，不用戴手套，里面可暖和了。当妈妈的手冷时，她就把手伸进我的棉袄袖子里来取暖。可是她的手在里面总是不老实，常常在我不注意的时候挠我的手心儿，可痒痒了。遇到这种情况，气得我直打她屁股，可她还是常常这样做。更可气的是当她自己外出回来时，有时候会把那双冻得像冰棍一样的手，快速地伸进我的脖领子里来冰我。你们说说看，这哪是当妈妈的干的事儿！

还有，当我跟小猫在一起玩儿时，我总是先跟它说："来，握握手。"可这句话如果让妈妈听到了，事儿就多了。她会说："哟，你的小猫都长出手来了！"我赶快改口说："来，握握爪儿。"她又会说："哟，娃娃你都长出爪儿来啦！"我只好说："来，握握手爪儿。"她又会找碴儿说："你长的是爪儿，小猫长的是手吧！"咳，直到现在我也没想好该怎样回答她！

你们看我妈妈是不是比小猫还淘气，所以只要她一淘气，我就叫她"淘猫妈"。

目录

CONTENTS

Part 1

教育孩子，家长首先要了解自己

正如自然界其他动物具有哺育幼仔的本能一样，人类也一样有着养育孩子的本能。根据孩子的成长特点进行教育，少点急躁不安，孩子会成长得更好！你想了解自己的孩子吗？就从了解自己开始吧，这样你在面对教育孩子的问题时，就会变得自然、平和而简单。

1 ● 焦虑——家庭教育不可忽视的焦点…………2

2 ● 孩子的一生是一场马拉松比赛…………7

3 ● 接受孩子现状≠不思进取…………10

4 ● 父亲带大的孩子更聪明…………14

5 ● 教育孩子父母态度无需一致…………18

6 ● 祖孙三代特性大PK…………21

7 ● 透视自己作为母亲的心…………26

8 ● 孩子是一张白纸吗…………32

9 ● 怎样蹲下与孩子交谈…………34

10 ● 谦逊与臭不要脸…………36

11 ● 称赞孩子无需"如果""但是"…………39

12 ● 打孩子的艺术…………43

Part 2
找对方法，你也能让孩子爱上学习

在教育中，学习成绩的好坏是许多家长关注的问题，也是现代教育谈论最多的话题，更是许多教育专家很难回答的问题，这确实是个摆在我们面前的问题。

1●能力教育是家庭教育的主线…………48

2●让知识变成力量…………57

3●怎么帮孩子有效学习…………60

4●幼小衔接，在游戏中学习…………66

5●让孩子与书牵手…………70

6●让孩子爱上古文…………74

7●如何提高孩子的数学成绩…………77

8●当孩子不写作业时…………80

9●孩子报班的困惑…………84

10●怎样跟孩子谈论试卷更有效…………88

11●从倒数第一名到第六名…………92

Part 3
好品格，父母的言传身教最有效

教育应该以"品格教育"为中心。作为父母，我们更应该注重这方面的培养与教育，让孩子身体、心理、智力各方面得到全面健康的成长。

1●用爱温暖被边缘化的孩子…………98

2●孩子这样变得任性了…………106

3●培养有礼貌的孩子…………111

4 ● 焦虑妈妈带出"胆小鬼"…………115

5 ● 这样做让孩子学会说谎…………119

6 ● 教给孩子解决问题的手段…………125

Part 4

培养孩子能力，从身边小事做起

常言道：孩子身边无小事，小事都能见大事。孩子的成长从来都是在生活中进行的，课程成长是阶段性的，生活成长才是永久的，只要家长自己能积极面对生活、调整自己的生活态度，在教育孩子的问题上一定会收到良好的效果。

1 ● 关注细节，让孩子学会自己动手…………128

2 ● 培养迁移能力…………131

3 ● 孩子创造力的产生…………134

4 ● 谁拿走了孩子身上的责任和义务…………137

5 ● 让孩子学会独自在家…………141

6 ● 厨房里的平安曲…………145

7 ● 外出平安路漫漫…………148

8 ● 怎样对待孩子的兴趣…………152

9 ● 让孩子负责，当狠心妈妈…………156

10 ● 家庭教育应该向网络游戏学习…………159

11 ● 孩子用顽强赢回自信…………163

Part 5

孩子上学了，家长与老师相处有技巧

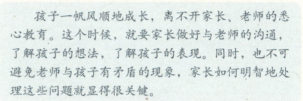

孩子一帆风顺地成长，离不开家长、老师的悉心教育。这个时候，就要家长做好与老师的沟通，了解孩子的想法，了解孩子的表现。同时，也不可避免老师与孩子有矛盾的现象，家长如何明智地处理这些问题就显得很关键。

1 教别人孩子VS带自己娃…………166

2 当老师训斥了犯错的孩子…………170

3 老师不喜欢我的孩子，怎么办…………175

4 学习应对老师与孩子的矛盾…………180

5 "家访"——想说爱你却不容易…………198

Part 6

家长应该知道的教育那些事儿

面对孩子的教育问题，最关键的点不是如何教育孩子，而是如何面对自己。家长只有了解自己的心态，了解自己的心理，才会让孩子有一片不一样的天空。教育孩子的过程，也是家长朋友自身成长的过程。家长自我成长才是教育好孩子的基础。

1 成长是一辈子的事…………204

2 家长对孩子的期待是这样产生的…………210

3 环境变而教法不变留下伤痛…………216

4 家长群体流行病分析…………219

5 "为孩子牺牲"的背后…………227

6 请隔辈人带孩子应该想到的…………231

7 完美教育埋葬孩子的婚姻…………239

你就是最好的家长

你就是最好的家长

Part 1

教育孩子，
家长首先要了解自己

　　正如自然界其他动物具有哺育幼仔的本能一样，人类也同样有着养育孩子的本能。根据孩子的成长特点进行教育，少点急躁不安，孩子会成长得更好！你想了解自己的孩子吗？就从了解自己开始吧，这样你在面对教育孩子的问题时，就会变得自然、平和而简单。

焦虑——家庭教育不可忽视的焦点

每当有家长要我给她/他在教育孩子的问题上支点招儿时，我首先看到的不是问题本身，而是家长朋友身上的过度焦虑。

也许很多朋友要问我，明明是在讲家庭教育，怎么会跟焦虑扯上关系了呢？

那是因为家长在家庭教育上的焦虑度会直接影响到自己的心情与行为，进而又会影响到孩子。孩子也会焦虑，出于自我保护的本能，会对家长的行为做出许多令家长朋友们不喜欢的反应。

在这里，让我们看看焦虑是如何产生的，它又是如何影响着我们的家庭教育上的想法与行为。

♥ 焦虑是件很普通的事儿

人们都希望对自己的生活与工作环境有一定的选择性与可控制性，如果出现不可选择或不可控制的情况，人们就会感到不安、害怕、紧张等，这就是焦虑。为了降低自己心里的焦虑以及那些让人不安之感，人们一般都会选择在那些自己可以控制的范围内去生活与工作。

其实人们无论怎么选择自己熟悉的环境，追求自己可控制的生活，依然生活在焦虑之中。只是在时间的推动下有着慢性焦虑罢了。也正是因为有了慢性焦虑，人们才会对自己如何选择生活方式比较在意，这样一来就提高了自己的生活质量，为自己的生活定下目标，并为未来的生活而奋斗——这一切反而使我们的生活与世界变得丰富多彩。

本文所提到的焦虑不是指这种慢性焦虑，而是过度焦虑、极度焦虑。这种焦虑在家长群体里非常普遍。

比如，有些担心孩子输在起跑线上的家长就有着过度焦虑，他们想问题的角度是：

所有孩子一生下来基本上都差不多，如果别人的孩子学这、学那，而我的孩子却没有学，那我的孩子很有可能就会输在起跑线上，这样我的孩子就不可能上好的幼儿园，没有好的幼儿园就没有好的小学，没有好的小学就不可能上好的中学，没有好中学哪里来的好大学，上不了好大学就不可能有好的工作，没有好工作等于孩子一生全完了。

在这一连串的因果关系背后，聪明的家长们发现了一些可以改变命运或者说是可以控制局面的突破点：

1. 不可输在起跑线上。别人孩子学的，我家孩子都应该会，别人孩子没学的，我家孩子有可能也应该学，这样就不会输在起跑线上，说不定还可以赢在起跑线上哩；

2. 一定要上一个好的幼儿园。有条件要上，没有条件创造条件也要上，花多少钱都不是问题；

3. 上一个好小学，为此花钱、搬家、让孩子住校等都可以；

4. 上一个好初中；

5. 考上好高中；

6. 考上好大学；

7. 找到好工作，幸福一辈子……

当家长按这些控制点对孩子进行控制与安排时却发现，在前三点上自己还可以选择与控制。因为孩子小时什么都会听父母的，只要家长有一定的关系与财力就可以达到目的。但从第四点开始，问题就变得复杂起来。孩子是否按照家长们原来所安排的路走下去，在很大程度上要取决于孩子的认同度与参与度。

如果一个孩子在生活中一直只听父母的，那么这个孩子在内心中也会产生焦虑，这种焦虑表现在自我价值认同感上。

每个人来到这个世界上都会追求自我价值的实现。如果一个人在其生活与工作中只会听别人的，这个人的内心里就会生出这样一个声音：自己在这个世界上没有价值。如果这个人真的开始认为自己的价值是

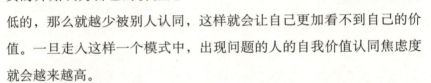

低的，那么就越少被别人认同，这样就会让自己更加看不到自己的价值。一旦走入这样一个模式中，出现问题的人的自我价值认同焦虑度就会越来越高。

为了找到自我在社会上的位置与自己的内在价值体现，所有的孩子都会在其成长过程中经历三个自我意识抬头期，也就是我们常说的叛逆期。在这三个特殊时期里孩子们有一个突出的表现，就是年龄越大主意也就越大。孩子们正是通过这样一个过程，开始学会如何长大，如何体现自己的自我价值，同时也通过这样的行为来降低自己内心的自我价值认同的焦虑度。

在这种情况下，家长想通过控制孩子来控制孩子的未来，让孩子走家长安排好的人生道路就有很大难度了。孩子成长的过程，让家长感到失去了对孩子的控制能力，这就等于失去了为孩子规划好的未来，就等于失去孩子一辈子的幸福，没有哪位家长愿意这样。这时，家长的感受是在孩子未来这个问题上自己没有选择，只有想尽办法去

控制离轨的孩子。

家长一般会认为：我的安排对孩子是最合理的，只要孩子听我的，按我说的做，一切就会好，就会走回原来的可控轨道之上。于是在孩子的教育问题上就出现了"按下葫芦浮起瓢"的怪局面。

孩子由于自我价值认同焦虑的存在，便表现为不听家长的，也只有这样，孩子的自我价值认同焦虑度才会下降。这样一来，家长就会碰到自己控制不了孩子的局面，这个局面的产生又使家长的焦虑度大大提升。

家长焦虑时可能会做的……

在孩子步入社会之前，家长的力量虽然是一点点在走下坡路，但整体而言，还是家长方面的力量强大。有了这样一个先天的优势，家长一般就会采用更强硬的管理手段来控制孩子。

一般家长的做法是想尽办法让孩子感受到未来的不可知与不可控性，想尽办法让孩子感受到，如果不听家长的话就不会有好结果。在这点上，许多家长都会告诉孩子：

如果没有好的工作，你的未来生活就完了；你如果不好好学习，将来只能拾破烂儿；如果你考不上好高中，你将来的生活就得跟某某一样去要饭……

当然还有比这更不能让人接受的话，说这些话时家长的心态是："不听老人言，让你吃亏在眼前"。

可家长没有想到的是，为了缓解自己的心理焦虑度的这些做法，却是以提高孩子的自我价值认同焦虑度为前提、为代价的。家长的这些行为表面上是在告诉孩子们：如果你不听家长的，你的未来就不可控，或说是没希望。其背后的含义是：你不懂事，你还没长大，你还没有价值，你只能听家长的。

5

♥ 孩子降低焦虑的方法和表现

家长自己的心理焦虑度降低了，却把自己的孩子推向无可选择的绝路。换句话说，孩子承担了家长的心理焦虑。事情就变成家长焦虑度越高，就越会去干一些提高孩子心理焦虑度的事。当孩子幼小的心灵越来越难以承受这样的心理焦虑时，他们便会寻找降低焦虑心理的办法与平台。最直接的办法就是：

屏蔽来自家长的各种信息以求自保，使原本焦虑度已经很高的心灵不再受到外界的干扰，求得心理平衡。

找到朋友发泄这些不满，找到认可，发展自己的圈子，从中找到自己未来的社会位置与处世态度，在归属感中把焦虑度降低，使其变成慢性焦虑。

用自己学到的办法回过头来对抗家长，试图在家庭里建立起一个让家长不可小视的自我价值平台与不可动摇的位置。

要知道家长的人生经验远远多于孩子，来自家长的资讯除了会提高孩子的焦虑度之外，还有许多经验对孩子的成长是有益的。当孩子采用屏蔽家长提供的信息以求自保时，他就阻断了这一方向所有的信息来源，就意味着那些对孩子成长有用的信息也被孩子抛弃，从而使孩子与家长的沟通完全丧失。这样孩子便处于一种完全的失控状态，在此背景下孩子所结交的圈子的危险性与不可控性就会更高，孩子被别人影响、吃亏、走弯路的概率也会大大增加。当孩子试图在自己家里使用第三种办法时，更多的是让家长看到孩子的幼稚行为与不可理喻，这也会对家长自身的焦虑度起到推波助澜的作用。

孩子与家长的对抗就这样走向战争，再走向战争的不断升级！这时，无论家长还是孩子的心理焦虑度都会进一步上升，家庭成员之间的冲突也就进一步扩大了。

焦虑就是这样一步一步走进了我们的家庭，走进了我们的生活，影响着我们每位家庭成员的行为方式。

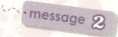

孩子的一生是一场马拉松比赛

如果说"不同的孩子起跑线不同"，那么同类的孩子面对相同的起跑线时，就会符合"如果输在起跑线上就等于输掉了孩子的一生"这样一个答案吗？事实也并非如此。

当同类孩子在同一个起跑线上起跑时，作为家长的我们应先搞清楚一个问题，人生到底是长跑还是短跑？

只有短跑才会在意起跑时的初始速度，因为它决定了后面冲刺的结果。短跑比的是爆发力，起跑与结果高度相关。

可人生并不是什么短跑，而是用时几十年的长跑，是赛耐力。也就是说起跑跟最后的结果之间没有什么必然联系。君不见，在马拉松比赛的起跑线上，人山人海，所有运动员都乌乌泱泱地站在一堆儿，但开跑时却是有先有后，并不是一齐开跑。

我国著名长跑名将——"东方神鹿"王军霞在比赛中并不是次次从起跑就跑第一，且保持全线第一的。真正有实力的选手都是在跑动中，根据自身的条件对长跑中的节奏进行控制，到后面才会发力、冲刺。一般而言，所有的长跑运动员在起跑时都不会使出全力当那个领跑者。从某种角度来说，先当领跑者会先被淘汰，因为这种选手在前面已提前耗掉了体力，到后面反而无力可发。

那些为了让孩子不输在起跑线上的家长，一直孜孜以求地对待孩子从幼儿园、小学、中学再到大学的成绩，要求所有的成绩都要好。

这种不顾孩子自身条件的做法会使孩子将来在生活中缺乏竞争力。现在有很多孩子成为"啃老族"，跟家长的这一行为方式有很大关系。当我们责怪孩子的时候，不妨多想想自己。

无论是幼儿园，还是小学，或是中学再到大学，哪个阶段都有可能是某些孩子提速冲刺的发力点，这就是所谓的开窍儿。如果从一开始家长不顾孩子的自身条件与学习节奏或是学习特质，一味地为孩子的学习成绩急，为孩子的成长而焦虑，孩子提前用完了力，孩子该冲刺时还有力可发吗？这是一个比较严重的问题，因为孩子早已被家长的焦虑给整疲了，所有的力都在此前被家长逼出来了，面对人生的关键点却反而无力可发。

在这点上我特佩服我的表嫂：

她是上海一重点中学的老师，却没有让我的表侄上她自己工作的学校，而是上了一所普通中学。我问她怎么想的，她说孩子要与跟他程度差不多的同学在一起，那样才能找到自己的位置。

表侄在这样一个群体里找到了自信，学习成绩在高二时上来了，而且一直很好。而我表嫂非但没有一味地让表侄努力学习以求保住校年级第一的位置，而是让孩子多参加体育运动。孩子从高一就打篮球，高二进入校篮球队，在高考前还常常自己打球玩儿。别人的家长都反对孩子再打球，表嫂却对表侄说："能打就打，学习上无需用全力。"

表侄的篮球一直打到高考前一天，高考结果是，表侄考上了清华。这事成为孩子所在学校的传奇。

事后我跟表嫂谈论此事时，她说："无论孩子将来干什么，现在都不可把孩子身上的力用尽，因为他未来的人生之路还长，如果现在用尽了，将来就会无力可用，那时就会回过头来'吃'老人。"

我认为表嫂在处理自己内心焦虑时就是看到人生是长跑，也看到孩子在人生的长跑中只要调整好了，自己就会发力。更重要的是她相信自己的孩子，在她看来她不是帮孩子选择人生，而是孩子自己选择人生，她愿意在孩子作出选择后去当好孩子的后盾。

从表面上看，我的表嫂好像具有强大的心理承受力。其实这心理承受力的来源就在于，她认定在人生路上是有选择的，而且不一样的选择，结果也可能会不错。在处理孩子教育问题上她更多的是看自己的孩子，而不是去看别人怎么做，环境怎么做。也就是说她对自己很自信，也相信自己的孩子，结果孩子受到家长的影响也很相信家长，这样家长向孩子传递的积极向上的教育思想也就容易被孩子接受。

所以我认为降低家长焦虑的关键点之一就是，有些事表面上看是别无选择，事实上却可以选择，只要家长去发现这种可选择性，焦虑度自然就会下降。

我把世界杂交水稻之父袁隆平在西南大学时的成绩单摘录了下来，请家长们过目，看看从这个成绩单中能悟出什么：

袁隆平当时农学课程成绩并不很突出，英文成绩反而特别好，高达93分。国文64分，植物学65分，普通化学60分，地质学88分，农业概论88分，气象学84分，农场实习67分。他专业成绩在班上仅相当于中等。对了，他还赶上了一个让人不堪回首的动乱年月，可他最终却成为了世界"杂交水稻之父"。我想他绝不会是在幼儿园、小学、中学、大学就发力的人。

袁隆平自己也说过："书本很重要，电脑很重要，但书本和电脑都种不出水稻。"

message ③

接受孩子现状 ≠ 不思进取

　　接受自己孩子身上的所有现实，家长才能降低自己内心的焦虑，孩子才有改变未来的可能。但有些家长却存在着这样的困惑：接受现实会不会变成不思进取？

　　我先从两个小故事讲起。

　　第一个是"背水一战"：

　　楚汉相争的时候，韩信领兵攻打赵国。赵王带了二十万大军，韩信只带了一万二千人马。为了打败赵军，韩信将一万人驻扎在河边列了一个背水阵。到了半夜，韩信让将士们吃些点心，告诉他们打了胜仗再吃饱饭。到了天明，韩信率军发动进攻，双方展开激战。这时，他命令主力部队出击，背水结阵的士兵因为没有退路，回身猛扑敌军。最后韩信在他提前埋伏下的另外二千人马的配合下，取得了这个战役的全面胜利，当他的手下向其问获胜原因时，他说："兵法上不是说'陷之死地而后生，置之亡地而后存'吗？"

　　第二个是"四面楚歌"：

　　项羽的部队被刘邦追击紧紧围在垓下。这时，项羽手下的兵士已经很少，粮食又没有了，夜里听见四面围住他的军队都唱起楚地的民歌，不禁非常吃惊地说："刘邦已经得到楚地了吗？为什么他的部队里面楚人这么多呢？"从而失去斗志。最后项羽的部队大败，他自己逃到乌江畔自刎而死。

　　之所以讲这两个故事是因为其背后有相同的东西，从这两支军队当时所处的形势来看，敌强我弱是一个不争的事实。

　　一个是临河列阵，没有退路；另一个是被团团围住无法逃脱。可以说他们同处于"死地"，在敌我力量悬殊的现实下，其结果却完全不同。韩信的军队大胜而归，这次战役成为以少胜多的经典，而项羽的部队却落得全军覆没，他自己则自刎而死。其原因何在呢？

　　我认为在"背水一战"中韩信作为主帅自己没有焦虑心理。他认定自己的部队会取胜，所以在半夜时，他让将士们吃些点心，并告诉他们打了胜仗再吃饱饭。这是韩信向所有士兵传达了一个必胜的信息，这个心理暗示让士兵们感到胜利很快会到来，其时间不会超过下一次开饭。当士兵们背水一战时别无退路，只有战胜才有活命的可能，这时士兵们接受了这个事实，他们放下一切心理包袱轻装上阵，结果一战而胜。

　　"四面楚歌"中的项羽作为主帅内心首先就很焦虑，他有输不起的心理。当听到楚歌之声时，他自己就先担心楚地已失，这是一个提高焦虑的心理暗示。刘邦、韩信的部队用楚歌让楚军背上了沉重的心理包袱，这样楚军不只接受了现实还接受了刘邦、韩信他们丢过来的楚地已失、亲人不知怎样等强大的心理暗示。这些包袱在每个人的心里深深地发酵，变成强大的焦虑，所以楚军所接受的不只是双方兵力状况等方面的客观信息，还接受了心理焦虑，兵败也就是自然之事了。

　　同样在孩子的教育问题上，当家长们面对接受现实这个问题上也要解决：自己是接受了现实，还是接受现实的同时也接受了"不能接受这种现实"的情绪。如果家长朋友们虽然接受了孩子的现实情况，但认为自己有这样一个孩子很倒霉，或是当别人谈到自己孩子的情况时，家长便有不好意思或难堪之感，要不就是……

这一系列感觉的背后是情绪，也就是说家长们接受现实及情绪。我想这不是真的接受现实，而是家长有"自己是受害者"的心理——不是受了上天的害，就是受了这倒霉孩子的害。反正自己如果没有这个孩子应该是挺成功的，可是偏偏在孩子的事上，让自己丢尽了脸，或说是没了面子。这不是一种真正的接受现实，而是接受了这种情绪。在这种情绪的引发下，家长要不就苛责孩子，搞得孩子、大人都不愉快；要不就是自任倒霉放任自流。

　　真正的接受反而不会出现以上两种情况，因为家长可以平静面对孩子身上的各种特质，自己内心中并没有因为这种接受而产生多余的情绪，没有这些多余的情绪，也就不会受它的干扰，在这种情况下，家长能接受可能在孩子身上发生的最不好的结果。就如背水一战似的退无可退了，这时，事情反而会向好的方向发展。所以我认为家长要学的应该是背水一战的韩信，而不要做四面楚歌的项羽！只有家长自己自信、平静与接受，才能让孩子有更多的空间，让孩子自己被自己的特质所激发！

交流台

爱澜：

　　淘猫妈，很佩服您，越说越深刻。

　　孩子一年级时，我很焦虑，整天发脾气，孩子也搞得惊惶惶的，问题还是照旧解决不了。后来，我调整过来。我孩子就是这样一个孩子，一个注意力有问题的孩子，一个学习成绩不太好的孩子，将来就是难以功成名就、扬名立万、为父母争脸的孩子，一个普通的孩子，一个也许大学都读不到的孩子，就这，我怎么办？难道我能放弃我的孩子，不再爱他，而是一味地批他、骂他，或者不管他吗？不能，我不能，就算全世界都放弃他，做妈妈的我也不能放弃。他后进，他考试成绩差，我通通接受，但我不能接受我的孩子不快乐，我还是要为他的快乐而努力，就这样，想通了，心就放下来了，放下做妈妈的高期望和虚荣。我就是有这样一个有多动症的孩子，又如何呢，至少我儿子智商是蛮高的，他不傻，还很机灵，只是学习上有障碍，这没什么，以后就算退一万步他不读书，可他还是会有饭吃。OK，我这当妈的把心放下来，平静地面对自己的儿子，发现孩子还是和以前一样可爱。下一步再来考虑，如何改变，如何改变他的注意力障碍和阅读障碍，面对这些问题，我和儿子一起来努力，一起慢慢努力。我带儿子去医院，吃中药调理，做感统训练，最后买注意力训练的书和软件回来播放。半年下来，儿子的思想、行为都有了进步，我们还在努力中，孩子现在说他爱学习，学习是快乐的。我感到，我带着儿子一步一步地在进步，在改变，一切都有希望。

青鸟：

就像上面这位妈妈说的一样，不管孩子如何，都要用我们充满爱心和热情的双臂去拥抱孩子，谁放弃孩子，做妈妈的都不能够放弃！接受，只有接受孩子身上的所有东西，孩子才能从压抑的心情中走出来，才能从被动变为主动！从此家长的心情变了，孩子的心情也变了，家里多了份融洽，多了份快乐！妈妈是好妈妈，孩子是好孩子，生活变得很轻松，一切都改变了！

非常非常的感谢淘猫妈，每当我在教育孩子中出现新问题时您都会给我明确的引导，使我和女儿的关系得到顺利的发展，使我们的问题得以解决。谢谢！

淘猫妈：

青鸟朋友，您太客气了。我一直认为在这条路上我们是同路人，我与大家一样也焦虑过，也出过错，也在慢慢地学习成长，所以谈不上谁给谁引导。我们真正的引导者是孩子，是他们告诉我何时应该怎样去做。如果我们做得不对，孩子就会用他们的行为方式的改变来告诉我们。让我们学会用我们的心去倾听孩子的心声，去倾听自己的心声，一切也就变得容易了。

message 4

父亲带大的孩子更聪明

在传统的家庭中，承担照顾孩子任务的一向是母亲，而父亲的责任则是为孩子创造更好的生活条件。人们一度以为父亲粗犷、不细心，根本不是照顾孩子的"料"，然而新的调查却显示，父亲带大的孩子更聪明。

我在给家长办讲座时，发现了一个奇怪的现象：来听讲座的家长朋友，90%以上都是妈妈，爸爸来得很少。如果问那些来听讲座的父亲们为什么会坐在这里，他们中绝大多数都会回答：孩子他（她）妈有事，不能来，所以我来了。好像现在教育孩子、带孩子的事儿全应该是妈妈的工作，爸爸的责任只是在外工作往家带钱。

每逢出现这种情况，我都会给那些来到会场的父亲送一份特别的礼物——讲一讲父爱的力量，使他们看到在教育孩子这个问题上，为什么父亲带大的孩子要比母亲带大的孩子更聪明。

♥ 母亲与父亲对孩子的教育有巨大差异

一般而言母亲多与孩子进行身体接触和语言交流，父亲则主要通过身体运动和孩子进行游戏交流。

许多人认为，父亲这个角色对婴儿来说不重要，母亲才是他们最需要的，等孩子大一些了，到四五岁时父亲的作用才会显现出来。其实事实并非如此，在婴幼儿时期，孩子能与父亲接触和交流对他（她）将来的成长会产生巨大的影响。

人类是一种高智慧生物，孩子在出生时就已显现出与其他哺乳动物明显的不同。婴儿在出生时，在所有哺乳动物里，他的头相对身体的比例而言是最大的。人类的婴儿出生后，其幼化程度相对其他许多哺乳动物而言也是最高的。如小马、小羊出生后几分钟就能跑、能跳，可人类的婴儿不能。那是因为，如果人类的婴儿在妈妈的肚子里长到能跑、会跳的程度，头就大得生不出来了。为了使这种高智慧生物可以传宗接代，在人类演化的过程中，出现了基因突变，使我们的婴儿还没有达到其他哺乳动物那种成熟程度就提前分娩了，之后大自然又利用人类母亲对孩子精心呵护的能力使孩子顺利成长，这不能不说是大自然的智慧，同时也说明，人类婴儿相对于其他哺乳动物的幼仔来说是个早产儿。

这种早产对人类婴儿的影响巨大，我们的孩子生下来不会跑，不会跳，除了吃、哭、睡、听、看、拉、撒好像别的什么都不会，其他所有本领都是在成长过程中慢慢培养起来的。孩子对肢体的了解与控制力要在运动与游戏中慢慢体会、慢慢学习，父亲与孩子的交流方式刚好满足了孩子这方面的成长需要。父亲与婴儿间的交往，弥补了母亲呵护过多、照顾过细所带来的缺失与不足，它给孩子带来更多的脑刺激，促使婴儿大脑中神经元与神经元之间建立起更多、更好的连接，这对孩子的智力发育起到关键性的作用。父亲带大的孩子比母亲带大的孩子更聪明的说法就是由此而来的。有研究表明，在婴儿出生后第一年，父亲对育儿工作的贡献越多，孩子的认知水平越高。

一般人认为，女性善于使用语言，对婴儿来说，母亲对孩子的语言能力影响应该比父亲大。可事实证明，这是一种错觉。美国北卡罗来纳大学的专家调查了92个家庭后得出结论：虽然母亲在日常生活中与孩子的交流多于父亲，但幼儿通过模仿父亲的话语而掌握的词汇更多。研究还显示，幼儿通过父亲掌握的词汇越多，其语言能力就发展得越快。美国专家认为，幼儿在最初学习语言时，能力十分有限，母亲提供的词汇量大大超过了其模仿能力，从而导致孩子将模仿对象转向父亲。由此不难看出，在语言这一女性传统强项上，父亲的位置依然具有不可替代的重要性！母亲在3岁以上孩子的语言学习过程中才会起主导作用。

母亲在孩子的教育中起到的作用偏重于家庭，而父亲在孩子的教育中起到的作用偏重于社会。在与孩子玩游戏时，面对规则，母亲大多倾向于迁就孩子；而父亲则更注重"立规矩"，这种比较"硬朗"的游戏方式，可以让婴儿感受到规则感、学习到规则，从而影响到孩子将来的社会交往能力。据德国心理学家苏埃斯的研究，12~18个月的婴儿与父亲的关系将影响孩子以后的同伴行为和同伴关系，具有安全的父婴依恋关系的孩子，在游戏中较少产生消极的情感反应，与其他孩子交往时不紧张，具有更高质量的同伴关系。

此外，对于男孩子而言，5岁以前与父亲接触多，有着良好的父子关系，对孩子形成勇敢、自信、果断的男子汉个性极其重要。对于女孩也是一样。过去人们一直认为，父亲这个角色对男孩子更重要，但近几年的调查显示：父亲在女孩的成长中同样不可缺失。父教缺失可能对女孩的性别认同造成混乱。心理学家赫塞林顿的研究发现，那些只与母亲生活在一起的女孩，面对陌生男性时表现出更高水平的焦虑。如果女孩子在儿童期得到父亲的充分认可，长大以后就会对自己的外表相貌有较高的自我认同，不太在意别人对其外表的评价。反之，女孩子就会过分在乎自己的外貌，对自我的认同度也会大大降低。由此可见，无论对男孩儿还是女孩儿，父亲的角色都十分重要，他将影响到孩子将来的性格与婚姻，影响孩子一生的幸福。

综上所述，父亲从孩子一出生就有着极为重要的作用，在孩子出生到长大的过程中，父爱、父教是孩子不可缺少的一份营养。家庭教育中，父亲的缺位、父爱的缺乏、父教的缺失对孩子成长的影响漫长而深远，代价巨大而惨重。

💙 母亲，请多给父亲一点与孩子相处的时间

当我们这些母亲们知道父爱、父教的重要性后，请多为父亲们留下一些与孩子单独相处的时间，不要把自己所有的时间都献给孩子，那不是无私的奉献，而是对父爱时间的"霸占"。不用担心父亲照顾孩子"不够仔细"；不用担心父亲"粗枝大叶"没能对孩子尽心尽力；不用担心父亲因为自己想"偷懒"而让孩子自己玩儿！因为这一切都是上帝最好的安排，在父亲的"粗枝大叶"、"偷懒耍奸"中孩子得到了自己应该得到的心理营养与成长空间。

💙 父亲，请多花一点时间与孩子相处

父亲们，当你了解到你对一个婴儿的重要性时，请千万多留一些时间给孩子，不要因为太太的唠叨、盘问、叮嘱、说教而放弃。要知道你放弃的不只是你自己的责任也是你孩子应得的权利。你工作为的是赚更多的钱，让家庭过上更好的生活，为的是让孩子更健康地成长。既然这样，就请你记住：钱不能陪伴孩子成长；钱不能培养孩子与社会交往的能力；钱不能使孩子有更良好的语言能力；钱不能让孩子更加聪明、更遵守规矩；钱也不能让孩子将来有一个真正美满幸福的婚姻。这一切，钱都不可能办到，但这一切你都可以办得到。只要你陪伴着孩子度过他们的婴儿、幼儿、儿童、少年时期，在他（她）需要你时，你就会出现在他（她）的面前，把自己的工作向后排一排，留出一些时间给孩子，孩子们就会在你的陪伴之下，得到他们应该得到的心理营养从而顺利长大！

message 5

教育孩子父母态度无需一致

在一个家庭中，父亲就像高山，母亲就像大海。父亲带给孩子的是山一样的智慧，母亲带给孩子的是水一样的情怀，父亲和母亲给予孩子的总有些不一样。所以在教育孩子的态度上，父亲和母亲也无需一致。

许多父母都认为在教育孩子的问题上，父母双方应该保持态度一致。但我要说，在教育孩子的问题上，父母的态度无需一致！

也许有家长和教育专家对此观点嗤之以鼻，但我仍坚持这个观点。

我们一直都强调父母在教育孩子的态度上要一致，否则对孩子成长不利。这样的教导如一座大山似的重重地压在家长们的心上，特别是那些白领家长、知识型家长所感到的压力会更大。这些家长朋友经济条件优越，特别想把孩子教育好，他们将教育专家所说的话都深深地记在心里，一心想把没有遗憾的好的家庭教育使用在自己孩子身上，可在教育孩子的实践中又发现，父母在教育孩子问题上态度一致实在是太难了。

有些父母为了达到态度一致，就采取让一方来管孩子、另一方主动退出的方法，但这样做的结果却导致父母一方教育的缺位。还有些父母选择压抑自己，但在压抑的过程中，不断有负面情绪出来，结果变成压抑后导致突然的情绪爆发与相互指责，然后又回到压抑，再突然爆发与相互指责，从而产生恶性循环。还有些父母在尝试了多次之后，发现达不到这种境界，选择破罐破摔，把一切责任都推到这个问题上。在这许多选择的背后不难看出，要求父母在教育孩子的态度上保持一致，有时反而会导致夫妻关系紧张，夫妻间出现问题。

事实上，父母双方对孩子教育态度不一致本身对孩子就是一种很好的教育。我们教育孩子成长的目的是使孩子在我们的教育下建立起一套属于他自己的人生观、价值观体系，这样当他们长大成人后，面临人生的选择时就可以作出一个既符合自己个人要求又符合社会要求的判断。这就是说，家长进行家庭教育的一个重要内容是教会孩子进行选择。

什么是选择？对象一定在两个以上，否则也就谈不上选择！孩子学习选择的第一个榜样就是父母。面对同一件事，由于父母双方生活背景不同，人生观、价值观不同，所作出的选择当然就不尽相同。在这种不同中，孩子学会取舍，学会理解，学会挑选，从而建立属于自己的人生观、价值观。如果孩子在生活中所学到的都是一个价值评判标准，孩子就有可能没有选择的余地，如果这样，在孩子的眼中，世界就只有简单的单一颜色。然而当父母对教育孩子的态度不尽相同时，孩子会看到更多颜色的展示。

在这种不同面前，孩子可以选择什么事跟父亲说，什么事跟母亲说，这样父母也就会多一些了解孩子的渠道。孩子与父母沟通的平台会因此而成倍扩大。这也使孩子在走向社会向同伴寻求答案之前，有更多的选择机会与尝试机会，也就能更好地对选择进行体验，从而更全面地建立起一套属于自己的备选方案。

当我们认识到父母在教育孩子问题上无需一致的好处后，还应注意的是我们应如何避免因此而产生的问题。父母可以在对待孩子的一些事情上态度不一致，但父母双方必须坐下来谈，而不是当着孩子的面争吵，要争吵就会有输赢，选择往往是在赢的那方，而输的那方一般没有发言权。

家长的这种争吵，在孩子小的时候会给孩子带来不安全感，会让孩子紧张。有些孩子甚至认为自己是父母双方争吵的原因而感到自卑，这对孩子的成长不利。而对大一些的孩子来说，他们体会到的是赢者就是对的，而那些为了能赢所使用的手段也就是对的。这种体验有可能会为孩子将来的不良行为埋下祸根。因此，我要说父母对事情的处理方式不同是允许的，但要摆在桌面上，说开来，让孩子自己挑选用爸爸的方案还是用妈妈的方案。这里包括对孩子所做的是不是错误的、做错事要不要受到惩罚、如何惩罚等内容的判断，父母都要说出自己的看法，然后让孩子发表自己的意见，并让他自己选择应该如何认定，应该如何惩罚与面对。一旦孩子选定，就按孩子的选择执行，就不要再有怨言怨语，而是开启家庭支持系统支持孩子的选择。这样就可以做到既可以让父母对孩子教育的问题无需一致，同时又可以把父母态度不一致而产生的问题降到最低。

交流台

王丽莹：

　　其实，人生就是一个过程，只要平安幸福就好，不要太强求孩子，更不要拿社会的有色眼镜来看待孩子，让孩子过得很痛苦。一句话，高兴就好，有时候家长的心态平和了，可能孩子反而会成功了。

淘猫妈：

　　我自己当家长这么多年的感受是，讲道理我都懂，有时我的道理讲得比别人好多了，但面对自己的孩子、面对自己，行动起来就很不容易了。

祖孙三代特性大 PK

　　特性是一种看不着、摸不到，但又实实在在存在的特殊品性，它在一代代人身上流传。特性不是通过学习得到的，也不是生理遗传，它是无言的家族和环境赐给孩子的礼物。父母明白自己身上所缺少的东西，一般都会在孩子身上补偿回来，于是就有了祖孙三代相似却又明显差异的特性。

　　常常遇到一些家长朋友对自己或是孩子身上的特点非常不满意，他们会说：孩子这个性格不好；或是对自己的特点非常不满意，认为这种性格不好；还有的家长认为自己身上某个缺点特别不能接受，说什么：呀，我特缺乏创造力，这一定会影响到孩子……在这些表述的背后，家长朋友们反映出来一种对孩子成长的焦虑。

　　其实，当我们只关注孩子性格或是自己性格的某一点时，其所表现出来的好像确实是问题，但如果我们站在更高的层面上看，可能那就不再是问题了。在此，我对自己家祖孙三代人之间的五个特点进行对比，让大家看看各种特性间的关系与父母对子女的影响。

　　（分值说明：分值0～10分，分值越高表明其所标示的特质越强，反之则低。）

❤ 生活独立性（0～10分）

　　◎父亲：老人家从小没有母亲，很小就自己生活，独自闯荡，所以生活上独立性很强（9分）。

21

◎我：我是父亲的晚来生女，他爱女心切，一切包办，因此我性格敏感，在生活上独立性较弱。（4分）

◎小崽子：由于我自己生活上总是依赖家人，为此吃了很多苦头，也让家人和我一起承担自己行为导致的不良后果，尽管家人从没有怨过我，但我在内心为此很内疚。为了让此事不在孩子身上重现，我在女儿成长的过程中一直很强调培养孩子生活上的独立性。所以孩子的生活独立性较强，两岁自己洗澡，4岁就跟着我下厨房，7岁已可以自己做饭了。（7分）

💙 对规则的遵守（0～10分）

◎父亲：他老人家在失去母亲后独自生活。有时遵守规则会使自己失去一些机会，有时不遵守规则也会面临困境。面对复杂的生活，他学会了对规则的双重性遵守——有时会严格遵守，有时会不遵守。我们一家人在一起玩儿时最为明显，他常常乘人不备，逃避规则。以至于妈妈此时每每都会把关注点放在爸爸身上，严防他犯规，可还是屡禁不止。（5分）

◎我：从小在溺爱中长大，自己制造的一切麻烦基本上都由家长来承担，自己从来不用承担后果，当然也就常常对规则进行破坏。

挑战规则成功时，还会使我很有成就感。直到30多岁才开始学习为自己的行为负责，自己承担自己行为所造成的后果，也就学会了遵守规则。（先前3分，后来是7分）

◎小崽子：因为我强调孩子要独自承担后果，要她为自己的事情负责任，所以孩子很遵守规则。（7分）

💙 创新意识（0～10分）

◎父亲：要想破坏规则就要有创新意识，要敢于冒险，在这点上我老爸做得很到位。他从生活中学到很多，思维迁移的能力极强，很具有创新意识，能写会画，家居小物品基本上都有他的创意，是家中化腐朽为神奇第一人。在20世纪70年代，我家到冬天就一直用着土冰箱，那可是爸爸的发明。我小时候睡的沙发床也是他做的。（10分）

◎我：在父亲的庇护下，不用为闯祸而担心，把家中大大小小的玩具都拆卸过，也拆卸过当时家中的贵重物品半导体收音机、闹钟、电子闹钟等，在这个过程中学会了出奇、出新，比较具有创新意识。（9分）

◎小崽子：由于所有事情我都要求孩子自己承担后果，无论好坏都要面对，这就使她感到有些事最好不做，以求平安。结果是，孩子为了保证安全，一般不会越雷池一步，所以她的创新意识不强，是一个跟随者，自己不会有什么创新的点子。（4分）

💙 动手能力（0～10分）

◎父亲：独自面对没有经济基础的生活，遇事常是有条件要上，没有条件创造条件也要上，所以动手能力极强。可以自己织毛衣、使用缝纫机、自己做木工、打家具、装修厨房等（在20世纪80年代初懂得装修厨房的恐怕没几人。而他打的沙发，现在还在我们家里使用。他所做的小桌子、小椅子也还在我哥哥家服役）。（10分）

◎我：从小就有强烈的好奇心，极喜欢学着父亲的样子，在家里拆拆装装，破坏了许多物品，也学会了许多。有极强的动手能力：可以修理家里的木质椅子、自己独立换纱窗、小崽子3岁前所穿的衣服基本都是出于我自己之手，从头上的帽子到脚下的鞋，从单到棉全是我做的。但其动机都是为了展示，而非自己的独立性起作用，所以在干这些工作之时一直都有阿姨帮忙打下手，做事是管铺不管收，所有重复性的细致的麻烦工作都要让别人做。因为这条是说动手能力，以上这些就不记在内。（9分）

◎小崽子：因为小家伙总是看着外公、妈妈自己做这搞那，也就很喜欢动手，画画、彩陶、编织等都做过，但所做物品全是模仿别人，没有自己的创新。（8分）

♥ 心理承受力（0～10分）

◎父亲：没有家人的照顾，只能自己面对生活，在生活的磨砺中不断自我成长，由只读过三年私塾的"小八路"成长为大学教授。在几十年的风风雨雨中，可以做到处变不惊，一切淡然！（10分）

◎我：从小备受溺爱，一切依靠父母，心理脆弱敏感，在30岁前几乎没有承担过什么，也很怕承担。30岁后，因为人生经历的增加，心理承受力也得到锻炼，但其过程很痛苦。（先2分，现在7分）

◎小崽子：从小就被我关注独立性问题，总是要让她独自面对自己行为所带来的后果。虽然年龄小，但已有一定的心理承受力，6岁时在深圳与家人走失，独自一人徒步两个多小时走到深圳海关，请求武警帮助，表现得非常镇静（那时她到深圳才几个小时），心理素质绝佳。（一般是7分，有时为8分）

　　这就是我们家祖孙三代的性格特质比较，之所以有这样的结果，是因为父亲对我个人的成长影响最大，我对小崽子的影响比较大。三人的背景：我父亲，退休的大学经济学教授；我，现职的家庭教育老师、网络论坛的总版主；小崽子，初三学生。

　　从上述五点不难看出，在家庭教育中，孩子的有些性格特质会与父母相反，有些却会与父母同向。但无论是相反，还是同向，都各有其利弊。如果发现自己孩子身上有这样、那样不让家长满意的地方，那一定是事出有因，而其因往往都会在父母身上找到答案。因此，不要急于给孩子下结论、贴标签。要冷静地想一想，找一找自己身上存在的问题。

　　同时，我们还可以看出，各种特性间也没有绝对的好坏之分，要看在什么情况下表现出来，只要在恰当的时间表现出来，就一点儿问题也没有。所以我从来不认为一个孩子有缺点或是优点，我更愿意相信一个孩子有自己的特点。因为一个人的优点（在某种情况下）可能是一个人的缺点，而一个人的缺点（在某种情况下）也可能是一个人的优点。所以我们要找到的是孩子的特点，并帮助孩子清楚地认识到自己的特点，并找到特点里积极的一面，发扬它，这样孩子的未来一定会灿烂辉煌！

交流台

毛富钢：

　　猫妈，对孩子的优点和缺点阐述得很有新意啊，都是特点，优点和缺点在某种情况下是会相互转换的。虽然以前也总是对孩子说都是特点，但今天看了你的分析倒是有了重新认识！

message 7

透视自己作为母亲的心

作为母亲，自认为绝对了解孩子、明白孩子、看透了孩子，于是要求孩子：希望他们更加强大，希望他们在每件事中都表现得非常出色，并认为这是对孩子最好的教育。殊不知，那些母亲以为好的方法在孩子眼里有着另一种意义，而母亲对孩子的要求，不过是想让别人承认自己是个好母亲而已。或许正是因为母亲的眼睛太关注孩子，所以才忘记了透视自己的心。

下面是一位妈妈给我的留言：

我的儿子刚上幼儿园，在他没上幼儿园那会儿我就开始替他担心，怕他忘了小便，怕他不会自己吃饭……今天特意把自己的时间和空间留给他拍球，可他就是不认真，已经落在班级最后了他都不急，把我气得连逼带骂，最后还以失败告终。看你的文章，很是感慨！可是回到现实，我又不能不管不顾啊，对不住老师，而且很担心孩子一点责任心也没有。唉……

从这位妈妈的留言中，我窥度到一位母亲的内心：你打算陪孩子拍球之时，在内心里已有焦虑，因为孩子拍球已落到班级最后了。当你知道这件事时，内心感受应该有伤心、着急、恐惧、担心与愤怒等，但这些感受都是你不愿意面对的，所以你为自己选择了一个机会，那就是陪孩子一起练。你想通过这个行为来证明前面那些负面的情绪其实都是不真实的，你的孩子不会这样的，你也无需有那些负面的情绪，你要用这次机会让孩子给你一个你可以看得到的正面的证明。

可孩子的表现让你感到失望，这失望引发的是你内心中更大的伤心、着急、恐惧与愤怒！在这些情绪的背后是你已有的一些观点：比如说，你的孩子再差也不应该落到班级最后；到了班级最后就等于是差孩子，没有希望的孩子；孩子这么小就体会到当差孩子的感觉，将来不会有好的结果；如果想要"咸鱼翻身"那可不是一般人可以做得到的；别人的孩子做得不好那都是他的父母教得不好，他的父母不是好父母；现在我的孩子做得不好，是不是说明我不是好母亲？一分耕耘一分收获，只要做到了，孩子就应该都会好！

在这些观点的支持下，在你内心里，无论对你，还是你的孩子，可能还有对你的老公与孩子的老师就有许多期待。这些期待可能是：对你自己而言，你要求自己是一位好母亲，是一位合格的母亲；对于孩子而言，你要让他是一个好孩子，用孩子的好来反证自己是一位好母亲；对家人而言，你期待他们（如老公）可以看到你为孩子的付出，如你这样认真地专门把自己的时间留给孩子，陪他练拍球，好使他们看到你的行为而认可你。也期待孩子因为这次练习可以体现出进步，而让孩子的老师也看到这一切，从而认同你是一位好母亲、一位负责任的母亲。这样，你也可以成为老师眼里的好家长，你老公眼里的好妻子，孩子眼里的好妈妈。

💙 母亲心中期望自己被认可

其实从这些期待中不难看出期待背后你的渴望，你渴望自己被别人认可，被老公认可，被孩子认可。在这些认可的背后，你在向所有这些人表示，你是一个值得爱也可爱的太太、母亲，对孩子负责任的家长。也就是说，你是一个值得别人去爱，值得别人给予你爱的人。当有别人爱你时，你接受这种爱的同时也就感到了你自己的价值，这是一种自我内心的满足，一种自我价值的被认同。

但这一切都被你儿子的不认真、不着急破坏了。他的表现让你感到，你内心的观点没有得到正向的支持，所得到的只是：你的孩子表现不好，所以你不是一位好母亲，不是一位合格的母亲。你的孩子做得不好，说明你做得不到位；你做得这么不好、这么不到位，所以你不是一位好妻子、好母亲、好家长。因为你什么都做得不好，所以你是一个不值得别人给予你爱的人，最终的结果就变成了你是一个没有价值，或说在母亲这个意义上是没有价值的人。

当你的内心走到这一步时，说明你已经到了无法再退的底线了。当你的个人价值都受到挑战而这又是你退无可退的底线时，你能做的只有先保护自己，其结果就是去反抗，去保护自我价值，这种对自己的保护就直接冲向了孩子，因为他的行为是直接导致现在这种后果的原因，所以才会出现"你对孩子连逼带骂"的局面。

💙 孩子的心中也会走相同的路程

我也可以告诉你，当你对孩子"连逼带骂"时，你的孩子的内心深处，也在走我刚才述说的那个过程。只是由于他的人生体验没有你丰富，所以走起来不像你那么复杂，但每一步他都不缺，因为每个人的心理过程都基本相同，不同的只是其中的内容差别。更重要的是他走到最后的结果也是"他是一个没有价值的人"、"不值得别人或是妈妈爱的笨孩子"。当孩子得到这样的感受时，他这个年龄能做的只有：要不就是因为没有自我保护能力而全都接受，从而变成自我伤害；要不就是部分接受、部分不接受——接受的部分是自残，不接受的部分是积蓄力量来反抗你。当然，反抗的结果是得到来自你对他的更大的伤害。

正视自我价值，才会带出好孩子

要打破这个负向的思维链条，就要看看，你的自我价值是不是真的需要通过孩子的表现来证明，你的内心期待只属于你自己，孩子没有义务来完成你的期待，你的自我价值也绝对不需要通过孩子的行为来证明。你有你自己的价值，你是一位可爱而且值得你家人爱的女性，母亲只是你的社会角色之一，不是你的全部。你要努力学习成为好母亲，你所做的一切本身就有价值，无论孩子的表现是否如人愿，或是否如你愿，你的做法都有价值。

当这一切在你的内心找到支撑点时，你会发现再陪孩子去练拍球时你自己会平静许多。当你是一位有自我价值的母亲时，你也就会发现你孩子身上的价值，从而提高孩子的自我价值认知。当这部分价值被孩子自我确定后，我想孩子一定会进步，对"孩子没有责任心"的担心也就自然化解了！同理，在你找到真正的自我价值认同时，你也就无需担心对不住老师了，因为你同样没有义务去完成老师对你的期待，这是老师自己需要去理清的内容，不是你的，你无需把它背到自己身上。

以上是我用自己所学过的一些心理学知识对这个留言的解析。如果与你自身的感受契合，那是我的幸运；如果与你自身的感受不符，那是我自己学艺不精。愿你去粗取精，也愿你能用这种思路来时时窥度自己的内心！

交流台

青鸟：

　　读完此文，我内心感慨万千。最初的我就是这样，孩子的每一个举动、每说的一句话、每做的一件小事都会牵动我的神经，考虑是不是符合我内心的感受与要求。孩子很小的时候我就不允许她的衣服有脏点、嘴角有饭渣儿，更不允许她用刚洗过的手去摸任何东西……如果没有按照我的要求和意愿去做，我就会很生气，甚至大发雷霆！

　　我总有这样的想法：我培养的孩子怎么怎么样，即使不出类拔萃，也要让人一眼就看出这是个出色的孩子，与众不同的孩子！其实这样做是大错，错得一塌糊涂，以致后来我意识到这个问题的严重后果后，一直对孩子都怀有非常内疚的心情，因为我知道是我扼杀了孩子积极向上、正常成长的道路！

　　这样做的结果是：孩子要小便要跟我讲"妈妈，我想小便"，此时眼神不断地在我脸上游离，不知说错了没有，得到我同意她才敢去；孩子想吃东西也要问我："妈妈，我能再吃点儿这个吗？"我不说话她绝不敢动手去拿；如果她和小朋友一起玩没有突出表现，在回家的路上或到家里我就会对她一顿炮轰：你应该怎样怎样，你不应该怎样怎样。此时的我根本没有意识到孩子是一个个体，她有自己的想法、自己做事情的思路……慢慢地，孩子从原来那个在幼儿园敢作敢为、真实而快乐的孩子变成了没有主见、胆小怕事的孩子！

　　在长期的压抑与达不到我的要求的情况下，孩子终于有一天爆发了！她跟我大喊大叫，不理我，非常不屑我为她所做的一切，甚至无视我的存在，才8岁的孩子啊！我的心像被刀子割了一样痛！真的是心痛啊，我为她所做的一切没有得到她的认可，反而成了仇人，做妈妈的怎么能接受得了？

　　如果不是不断地学习，我也不会意识到问题的严重性，更不会有今天和女儿这么和谐愉快的关系。这期间反反复复，好几天坏几天。看了淘猫妈的博文就觉得自己做得不够好，没有给孩子自由飞翔的空间，回到家里就又成了原来的我，就这样经历了一年的时间，现在我的心态变得轻松了，孩子自然也开心了。成长——不只是孩子，最重要的是父母！学会接纳孩子的全部，放低对孩子的要求，让一个真实的孩子展现在你的眼前！永远记得淘猫妈说的话：是孩子让我们进步，我们应该感谢孩子！是不是好妈妈，孩子说了算！

淘猫妈：

感谢青鸟的分享，感谢你对自己过往行为这么深刻的剖析！看过你所说的这一切时，我很想跟你说：作为母亲，我们走错路时，确实会对孩子深怀一份愧疚，但我们也需感谢这些错误，就是它们的出现、它们的存在，才使我们一步步地走到今天，成为现在的我们，成为一个越来越让自己满意的自己。因此在我们回首自己过往人生时，不光对孩子有着一份内疚与自责，更多的还应看到它们给我们带来的成长与变化，心存感激，可以让我们今后的人生之路走得更稳、更好！

申sly1968：

我的经历同楼上的这位朋友差不多，只是我醒悟更晚些。那时孩子已经上初中了，青春期的问题也出现了，无奈中在网上看到了精英夏令营，马上面临中考的孩子，我送她去与学习无关的夏令营，别人都以为我有病。现在想想，如果没有送孩子去参加夏令营，我还在痛苦中挣扎，也不会有后来改变自己的想法，当然也需要自己醒悟。我想也只有淘猫妈这样一位经历过同时又有心理学知识的老师才能分析得这么透彻，记得有这样一句话：孩子是上帝派来拯救我们的天使。

淘猫妈：

申sly1968朋友太客气了！其实这个心理过程我们每个人都会经历，无论我们有没有孩子，只要遇到事情我们都会有情绪，我们的心理也就会走这样一个过程，其中的差别也只不过是内容不同罢了。所以当我们对自己每天遇到的事都按这样一个过程进行梳理时，我们就可以看清自己的内心，也就可以看清孩子的内心，或说是别人的内心。

message 8

孩子是一张白纸吗

大多数父母都会说"孩子是一张白纸，父母怎么画孩子就会变成什么样。"事实并非如此。孩子是父母的延续，他们自出生时就已经携带了父母的基因，对亲近的人有着不一样的认知和经验。他们从来都不是一张白纸。

周日去咖啡厅，四位邻桌女性的对话慢慢地吸引了我：

这四位女性是好友，其中三位的孩子在某补习学校上周日班，另一位的孩子只有1岁多。孩子已上学的三位家长朋友一直不断地向那位小孩子的妈妈介绍着育儿经验，大有自己在教育孩子之事上动手过晚、耽误了孩子之感。大家都希望那位孩子只1岁多的家长要早早下手，其中心思想不外乎：小孩儿就是一张白纸，你教他什么他就学会什么，晚了就来不及了……

"孩子是一张白纸"这句话，让我听得很不舒服。原本我也很认同这句话，在小崽子小时也不时地用这句话告诫自己，但那一段生活，让我感到我与孩子都不快乐。

我家小崽子两岁时，我为她报了一个画画班。可以说她是这个班里最小的学生，每次在班上画画，她都不是坐着画，而是站着画，因为坐着她根本就够不着桌子和画板。课程刚一开始时，小崽子很兴奋，每次上课她都很积极，特别是在课上按老师的要求画完一幅画，并把画好的画拿到前面去展示时，她的小脸都笑开了花。

可是这个场景没有保持多久就断送在我的手里。那是因为我看了一篇晚报上的文章，文章的作者是一位小学语文老师，她说在学生们不知该如何写作文时，她总是会为孩子们写一篇"下水文"，这样既提高了学生们写作的兴趣，又为孩子们打开了写作思路。我觉得这是一个好办法，便在孩子画画这事上也用了起来，每当小崽子画画时，我便也在一旁画。谁知开始时女儿还跟我一起画，也让我看她画的画，可过了一段时间，小崽子开始拒绝让我看她画的画，再后来只要我画她就不画，最后发展到，不论我画不画，她都不再画画。成为画家也好，成为画匠也罢，反正都变成了一场梦。梦醒了女儿也不画了，从学画画开始到彻底不画经历了不到两年的时间。

在这失败的过程中，我才明白，说孩子是一张白纸，教他什么就会什么，指的是当家长的应该注意自己的行为习惯。当这句话被放大到生活的方方面面，并从家长的角度十分功利地转向孩子时，特别是转到对孩子的知识、技巧、技能上提出要求时，那已不是把孩子当做孩子看待，而是把孩子看成是自己的作品，是一张白纸，是一团泥塑，不轻松的心情也就自然而然地来了。家长们追求自己作品完美的同时，却忘了，孩子不是我们的作品，他们是独立的，他们有着自己的思维与生活轨迹。

扪心自问，我对自己已走过的人生道路满意吗？如果答案是否定的，那我又凭什么认为自己为孩子选择的道路就是对的，就能让孩子走向成功呢？当我对自己的人生有些许满意时，也发现，那不是我父母为我作出的选择，而是我自己的选择，是我自己愿意为此选择而付出努力的结果。

所以，我更愿意把孩子定位成有独立性格的人，她是她自己的作品，她为她这个作品付出代价也品尝着成功。当她为自己的选择而付出代价时，我是她疗伤的港湾；当她要进行选择时，我是她的支持者；当她为自己的选择而品尝成果时，我为她欣喜。在这一切的背后，我能做的只是不断地修炼自己、感染别人，当然，被感染的人群中包括我家小崽子。

message ⑨

怎样蹲下与孩子交谈

父母以为"蹲下与孩子说话"是找准了自己的位置，站在了孩子的位置和角度去观察世界；父母以为"蹲下与孩子说话"是一种思想、观念的"放低"，能真正了解孩子的所思所想。其实，父母不知道"蹲下跟孩子说话"是一种平等，不仅是父母希望平等地看待孩子的世界，也要求孩子平等地看待父母以及父母所见的世界。

我曾看过一篇名为《请父母们蹲下来与孩子谈话》的文章，对我很有启发。

文章的作者是一位访澳归来的老教师，他说："澳大利亚的家长蹲着和孩子说话给我留下了很深刻的印象。"还在文章里列举了许多例子。文章最后说："我想，这是一种很具体的教育方法，却体现了如何看待子女同父母关系的教育观念，也从一个侧面体现了教育孩子的能力和水平。如果家长总是站着面对孩子，与孩子的距离就不仅是身高上的几十厘米，而是一代人与一代人之间的距离，是一颗心与一颗心之间不能沟通的距离。家长蹲下来，倾听，对孩子来说是一种极大的关心与理解，是孩子能够接受的一种爱护；蹲下来，倾听，儿童离家长的距离就会缩短；蹲下来，倾听，是家长关心儿童内心世界的一种方式；蹲下来，倾听，营造出来的是一种民主、和谐的相互尊重的成人与儿童的关系，再没有比这更重要的事了。"

可以说许多朋友都会同意这个观点，可我却还有更深层次的思考：但愿这种行为不是一种形式上的文明，蹲下身子与孩子说话那只是一种平等的形式，谁又真正探讨过这种形式背后的内涵呢？

当家长要求自己蹲下身子与孩子说话时，也同样应该要求孩子平等对待家长。我曾与一个外国家庭有所接触，确实看到了家长蹲下身子与孩子交谈的画面，但我也看到这事并没有那么简单。当两位大人在交谈时，如果孩子们有事打扰，家长会对孩子说，请你等待，因为我与这位客人先交谈的，当我们说到一个段落时，我会跟你说话。当两位大人话说到一个段落，家长就会蹲下身子与孩子交流。当孩子的问题真的解决后，两位大人的谈话就会再次开始。反过来也是一样，如果这场交谈是先发生在孩子与家长之间，而打扰的是成年人，家长也会对打扰者说："对不起，我与孩子先交谈的，请你稍等！"当家长与孩子的交谈告一段落时，大人们的交谈才开始。

我认为，中国教育之所以常会走偏，原因之一就是家长们总是不能通过现象看到事物的本质，教育就会像两极跳一样，从一端被推到另一端。我们在缺什么补什么的思想下，总是只看到事物的一面，而非多面。结果使许多对孩子讲平等的家长最后失去了家长的尊严。要想避免出现这种情况，就要做到透过现象看本质，就得做到真正的平和，在平和心态指引下，看问题的角度才可能客观。

我一直要求自己在教育孩子时多想想、再多想想，以便尽量去发现事物的不同特性与本质，防止自己在教育上走偏，就这样我自己也没有达到这种境界。

🙂 交流台

努力做个好妈妈：

有豁然开朗的感觉。就像淘猫妈本文中谈到的问题一样，我们接受了一种新的教育理念，并且看上去也付诸实践了，但一遇到新的问题又茫然无措，其实是因为我们欠缺更深入的思考和更大胆的尝试。我的最新感触是：永远不能放弃努力，永远不要畏缩不前。

谦逊与臭不要脸

谦逊一直是中国人的美德。当别人夸赞自己时，总会显得不好意思，谦虚地说自己并没有那么棒。当别人夸奖自己的孩子时，身为父母也总会谦虚几句。殊不知，父母在将谦虚心态移到孩子身上时，会给孩子造成多大的伤害。

我曾看过一篇名为《我的受教育历程》的文章，作者是乡晨有辉，文章里提到了作者的父亲对儿时的她有着许多美好的期待，当这些美好的期待转到她的头上时却变成了这样：

如果她考了99分，父亲会帮助她去研究丢失的1分到哪去了。在这种教育下，优秀的乡晨有辉学会的是永远不满足与对自己的不认可。当她考到了全县第44名时，无论她还是她的父亲依然认为这分数考得不高，成绩考得不好。这样一步步地走来，乡晨有辉早已研究生毕业，成为一名优秀的语文教师，可她还是一直认为自己并不优秀，并不好。如果你称赞她，她会感到很不好意思，并认为别人是出于客气与礼貌，如果她心生出自己称赞自己的念头，其背后一定会出现另一个声音：真不要脸。

是呀，我们每个人何尝不是这样的，这好像就是我们所说的中国人的谦逊之美吧。别人我不知道，但我的父辈是这样教、这样做的。所以当看到乡晨有辉写的"真不要脸"几个字时，在我心里生起的说法比她的还严重："真够臭不要脸的，哪儿有自己夸自己的？"所以，每当我们受到别人的称赞与认同时，都会很不自在地说："哪里，哪里，你过奖了！"或说，"错爱了，错爱了！不敢当，不敢当！"等等谦词，不一而足。

如果这种谦逊只是用在自己身上，这好像真的也没什么不好。可事情并非如我们所愿，这种谦逊早已不再停留在自谦之上，还发展到了帮孩子们谦逊之上。君不见，几位朋友相遇时，其中一位对另一位道："你家公子真是年轻有为呀！"对方一定会说："哪里，哪里，不过是少年轻狂罢了。"如果这边说："贵公子真大才！"那边一定会说："过奖、过奖，一般一般！"现代生活里这种表达应该不再常见，但这种替孩子谦逊的行为还是比比皆是。

为人父母为什么会有这样的行为呢，这首先源于家长自己所受的自谦教育，接着便是把自己的孩子也看成自己身体的一部分，从而当别人称赞自己的孩子时，就大有受之则不谦逊之感了，也便替孩子一谦了之。父母们可曾想过，这一谦，谦掉的不是自己，而是孩子？孩子是独立的，有着完整的人格，我们自谦也就罢了，有何权力连孩子也给谦逊掉呢？这一谦的背后，又有几位家长朋友真的了解过孩子在这个过程中的感受呢？那是一种怎样的挫败感呀，这种伤害让许多人背负一生。但又由于中华文化的传统，使我们把这种伤痛变成了习惯。著名女作家张爱玲的自传体小说《小团圆》中，就谈到了她对自己母亲怨恨的根源，其中一点就是自己被母亲当着别人的面给谦逊掉了。

虽然我们这些曾经的子女们，对自己被父母谦逊掉的行为中的感受并没有说过什么，但当看到张爱玲所写的她的那段经历时，我想应该有不少人在心里有着共鸣吧。

其实中国人面对称赞也有坦然接受之时：当有人称赞我们自己认识的某位朋友很有才华与能力时，当着这位被称赞之人，我们自己的态度可从来都很是得意，也顺水推舟地称赞几句，这样既可以显得给称赞者面子，又可以显得自己给足了被称赞者面子，更可以显得自己因为很有眼光而给足了自己面子。真是三赢呀！而不会去说那种不当不正的谦逊之词。这说明我们可以做到，面对别人称赞的是自己熟悉的人时，也能坦然接受。

那么就让我们从这句"臭不要脸"中看到一点点启示：其实家长们把孩子当成自己的一部分时，才不能面对别人对自己孩子的称赞。许多人总称自己与孩子是平等的，与孩子是朋友，当遇到别人对自己孩子的称赞时，一谦之中就露出了内心的本来面目。就让"臭不要脸"成为我们生活中的警示吧，有人称赞我们的孩子时，作为家长，大可坦然接受，并公开表示，我为有这样的一个孩子而骄傲。因为他们不是我们的私有财产，不是我们身体的一部分，我们可以自谦但我们无权谦逊掉孩子。面对别人对自己孩子的称赞，如果认可了，而自己的心里生出了"真臭不要脸"这几个字时，就应该知道，那时我们把孩子当成了自己的私有财产，当成了自己。请记住"臭不要脸"背后的启示！

交流台

心若有晴：

就说说我自己吧，我也是那种自诩为"把孩子当成了一个独立的人对待"的家长，但在别人夸自己孩子的时候，心底还是会下意识地感到不好意思。尽管我基本上还能管住自己的嘴，不说那些虚伪的谦辞，可是那一瞬间的心理活动，依然反映出内心里还没有真正完全尊重孩子独立人格的那份阴暗。是呀，坦然地面对别人的称赞，自豪地表示我就是欣赏自己的孩子。为什么不呢？

淘猫妈：

是呀，从理智到行为还是有一定距离的，当我们用理智来评判时往往是正确的，可一旦操作起来就是另一回事了。这也就要求我们要从自己心底一点一点去寻找与感受，只有这样才能发现问题！这也是我们自己的成长空间，让我们一起这样慢慢地感受、慢慢地成长吧！

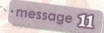

称赞孩子**无需"如果""但是"**

称赞原本是发自内心的一种赞美，当这种"赞美"被视为一种教育孩子的方法时，仿佛就变了味道。"你这次做得不错，但是后面做得没有前面好，如果能再认真点，就更好了！""如果你能做到隔壁小明那么努力，就更好了！"当这种带着沉沉"期望"压力的赞美话语一而再地冲向孩子时，孩子终有一天会麻木，再也感觉不到这是"赞美"。

网友曾给我留言说："呵呵，我竟然是那种天天被父母夸的孩子。"

如果说，当别人夸奖自己的孩子时，家长经常表示谦逊，对孩子来说并不是什么好事，看到这样的回复，我不禁感慨现在社会的进步以及与我自己成长时代的不同。可在这不同的背后，我好像又看到了某些相同，这到底是什么呢？我感到这称赞与不称赞的背后还真是有相通之处。

如果说不称赞孩子是把孩子当成自己的一部分被家长谦逊掉了，那称赞孩子的家长可能想法就会更多一些。

♥ 称赞孩子是为了让孩子更好地成长

称赞孩子是为了让孩子更好地成长或改正不足，从而达到完美的状态。这种称赞有一个很典型的特征，那就是称赞之后会加一些"如果"、"但是"之类的词汇，最后的结尾是"更好"。比如："你这次做得真不错，如果不哭就更好了。"或是说："你这次的表现整体来说不错，但是其中什么什么还不够好，以后能注意到这个问题就更好了。"

在孩子小的时候，他们对外界评判认知的清晰度不够，往往会把这类话当成表扬与称赞，孩子很小的时候用这种方式还勉强算是称赞。等到孩子长大一些，特别是进入青春期之后，许多孩子对家长这种"两面三刀"的"表扬"术已烂熟于胸，他们已对其深恶痛绝。在这种情况下，家长刚开始讲称赞的开场白时，深谙此道的孩子们早已在心里等着你后面要说的"如果"、"但是"了。前面的开场对孩子们而言可谓一句也没有听见，在他们的心中已把这类话当成家长的苛责，全无表扬、称赞之意！这也是总有些家长朋友抱怨自己的孩子："软硬不吃，称赞了也没用"的原因。其实这种称赞的背后不是真的对孩子的认同，它有着家长的主观目的，孩子如果认同了家长这样的称赞，会以为自己失去了自身的主体价值。谁会愿意成为一个没有自我价值的人呢！

♥ 别样的称赞要小心

也有一些家长朋友真是能夸、肯赞自己的孩子。当孩子把自己全对的作业拿到家长面前时，家长真的是满脸堆笑地对孩子说："我家宝宝就是聪明哟，看看这作业做得，全对！"当孩子把自己考的好成绩拿到家长面前时，家长脸上真是乐开了花："瞧瞧，我就知道我家宝宝最强了，又考了全班第一名！"也有含蓄些的家长会说："嗯，考得不错，一定要保持呀！"这些都可以认为是真正的表扬。

不可否认，面对家长这样的表扬有些孩子心花怒放，饱含热情地投入新的学习大战之中去了。可也确实有另一些孩子并不

喜欢这样的表扬。因为，如果他们接受了这样的表扬，就等于接受了这种表扬背后的压力。万一下次考不到全班第一怎么办？万一下次的作业做不到全对怎么办？万一下次拿不到满分又怎么办？接受家长这种表扬的背后，就等于接受"今后一定要保持呀！"的后缀——这个压力。这个后缀比前面的表扬让人难以承受，为了不要这个后缀，不接受这个压力，有些孩子干脆连前面那些真正的表扬也拒绝接受了。

还有些家长朋友在外人面前会不断地称赞孩子，这也属于真正表扬孩子那一类，但孩子们并不愿意接受。家长在表扬自己孩子的同时，真是面有喜色，一脸的满足与自豪。我想说，如果是这样，孩子不接受家长的表扬也很自然，要知道家长这时已不是在称赞自己的孩子，而早已变成了把孩子当成自己洋洋得意的资本了。这时的孩子就跟那些被谦逊掉的孩子一样，成为家长的一部分，他们不再是他们自己，而变成家长用来在朋友面前炫耀的资本。这也是我前面曾说过的称赞孩子与不称赞孩子的相通之处。

如果家长们用以上这些方式称赞自己的孩子，我想这种称赞背后的危机也就不言而喻了。若想改变这种状态，家长要明白两点：

第一，真正与孩子进行有效的分离，让孩子成为真正独立的孩子，让家长也成为真正独立的家长。家长所能做的既不是把孩子一谦了之，也不能把孩子当成自己炫耀的资本。而是平静、客观地对待自己的孩子。

第二，家长称赞、表扬自己的孩子时，无需称赞与表扬事情的结果，如"你很聪明呀！""你考得真棒呀！"等。这些称赞都跟结果有关，也就是说，这种称赞的背后会有这样的心理暗示："妈妈只喜欢这些好的结果，如果结果不好妈妈就不喜欢了。妈妈不是喜欢你，而是喜欢这个结果。你只不过是妈妈可以得到这个结果的一个工具，你并不重要，重要的是结果！"这样孩子接受称赞的同时也就等于接受了自己被有条件地爱的现实。

为了避免出现这种不良的情况，家长称赞与表扬孩子时，应该指向的是做这些事背后的过程，如："妈妈看到你做这事时很认真！""我看到你为这事付出了很大的努力！""你在这件事上努力过，虽然结果不理想，但我看到了这背后你良好的愿望。""我知道你在一次次为达到自己心里的目标而努力着。""你的付出妈妈看在眼里，也记在心里！"

这些表扬、称赞都是对孩子的一种行为的真心认可，无论孩子是否达到了他自己的目标，或是完成了家长内心的一些期待，孩子会自己去寻找内心里那些向上的力量与行为，这种向上的行为与力量又都得到了家长的认可。面对这种表扬，孩子会进入一种良性循环状态，他们不怕失败，因为其付出有人看到，其努力有人认可。这些表扬跟结果没关系，说明家长爱的是孩子本人，而非那好的结果。因此，他们也无需担心，万一结果不如人愿时会让家长伤心，或是自己被家长所伤。在这种称赞与表扬面前，孩子会把学习变成让其自己满足的行为，而不是让家长满意、让自己背负压力的苦行。这样的称赞才会变成有效的称赞，这样的表扬背后才会减少危机。

🧑 交流台

爱熠：

猫妈分析得极是，这个表扬方法您跟我讲过之后用到女儿身上她很感动，她居然搂着我掉泪了，我知道"她在想她的努力与付出妈妈都看到了"，妈妈没有只注重结果——分数的高低。

淘猫妈：

在教育孩子的问题上我们是犯过无数的错误，但我们之所以还在努力做，是因为我们有一个好的愿望。当这种好的愿望能被别人看到与接受时，我们的心都是热的；当别人指着我们所犯的错不放时，其沮丧之情，我们都感受过。让我们用自己经历过的心去感受孩子的心吧，那样我们就可以与孩子一起经历风雨，一起成长！

打孩子的艺术

用"棍棒"来教育孩子一直是父母的困惑。"打"则打了，但又担心对孩子造成不良影响。然而，做到完全不动孩子一发一毫来完成教育孩子的任务似乎又很难实现。于是，父母们在"棍棒教子"中困惑，而教育专家则在"棍棒教子"中摇摆。其实，通过"打"来教育孩子有利有弊，而利弊的分界点关键在于"度"。

国外：挨过打的孩子更可能成功

据澳大利亚媒体报道，最新研究发现，那些曾在6岁以前被父母打过的孩子，远比那些从来没挨过打的孩子生活得更快乐，而且更可能成功。

研究发现，6岁之前挨过父母打的孩子，上学后很可能成为校园里的好学生，而且冒险的欲望和考大学的欲望，会比那些从来没有挨过打的孩子强烈得多。但是，那些一直被父母从小打到大的孩子，会出现这样那样的行为问题。

从以上报道中不难看出，在国外打孩子这个问题也是一个正在研究中的问题，只是对于中国家长而言，打孩子则是一个更为普遍而平常之事。

打孩子是教育的一种必要手段

我认为打孩子应该是一门艺术。这里谈的"艺术"是指在何种情况下，在孩子的哪个年龄段下，家长在何种心情下，可以打，否则不能打。整个打孩子的过程，不是孩子被打的过程，而是家长在打孩子前自己调整自己内心的过程。如果做不到这一点，那就不具备打孩子的先决条件。

我首先要声明的是，家长一定要知道，打孩子是教育的一种必要手段，但打孩子也是家长最无能的一种手段，如果操作出现失误，对孩子的心理伤害将会远远大于当时所看到的结果，而且会在孩子的心里留下后遗症！孩子说谎便是其中之一。所以请家长不要认为打孩子是教育孩子的好方法！它只不过是办法之一，还不是一个总会有效的办法，是一个要付出重大代价的办法。

我个人以为孩子挨打的年龄段应在五六岁左右。这个年龄段的孩子比较容易闯祸，这里所指的"祸"是一些带有一定伤害性的事件。这个年龄段的孩子，对自己身体能力的认识已大大提高，他们处在第二个自我意识抬头期里，行动上比较容易冲动，对道理一知半解，对自己情绪的控制力较弱，而他们的肢体能力相对过去又比较强，对自己行动的后果往往认识不足。同时他们对成人的依赖性与敬畏感还存在，一般情况下这个年龄段的孩子是不会挑战成人权威的。所以我认为把孩子挨打的年龄段定在五六岁比较合适。

想一"打"见效，家长要让孩子知道标准

要想让"打"这一手段见效，还需重要前提：孩子从0～4岁期间，家长从来说话算数，从未用"不听话我就打你"这样的话来吓唬过孩子，说打不打；也不是说打就打，以打当家常便饭。如果出现这两种情况，打孩子这个办法早已失灵。如能满足前面所说的重要前提，这个孩子挨打的机会一定不会很多，这样"打"对孩子而言会是一种比较有效的教育形式！

打孩子的标准一定要让孩子、大人都清楚，这个标准一定不能是松紧带，自己高兴了，该打便不打了；自己郁闷了，没多大点事

便成了打孩子的理由。如果是这样，对孩子的心理伤害非常大。家长的喜怒无常，会使孩子总是处在一种紧张的精神状态里。时间一长，为了逃避处罚，孩子便会钻空子——说谎，许多谎言都是在孩子心理紧张的情况下脱口而出，这会成为孩子今后的习惯性说谎的来源！所以一定要让孩子清楚打孩子的标准。

由于这个年龄段孩子的特点，他们对事物的控制能力有限，家长不能说打就打，标准定出后还要给孩子几次机会。比如说，第一次出现这种错误，家长该如何做；第二次出现同样的错误家长该如何做；第三次出现同样的错误，家长该如何做……

当然处理这种错误的最高级别便是"打"。

但在每一个等级出现前，家长一定要先期提醒孩子，下次尽量不出现这种错误，并告诉孩子下次再犯的后果是什么。

绝不可一下就把"打"提到工作日程里，这是大部分家长都常犯的错误。除特殊情况，"打"字一旦出口便一定要实施，否则就不要出口。为了不失信，"打"字请不要随便出口，出口前一定要前前后后全想清楚，自己可以面对"打"后发生的所有后果时才出口。

前面所说的特殊情况是，如果孩子同样的错误确实犯过多次，已到了要打的程度，但孩子为这次错误已进行了一些主动的补救，比如自己把这个错误告诉您了，或是知道自己做错，那天表现得特别好等等。家长应把这次"打"缓行，明确告诉孩子这次"不打"的原因是什么，并与孩子谈心。告诉孩子，自己对孩子当时的心情很理解，也应谈谈自己对孩子身上发生的这些事的看法与感受，让孩子了解家长的心情。这样一来，一般孩子不再会出现同样的错误，如果孩子又犯了同样的错误他一般也会补救得比较好！

一旦出现了打孩子的情况，家长应特别注意，一定要好好想一想，为什么会出现这种情况，问题出在哪里？有没有其他方式与教育手段可以采用？家长一定要明白，打孩子是家长无能的表现。家长在想不出别的办法时才会采用"打"这一招，这也是最直接的一招、最简单的一招、最笨的一招、最没有智慧的一招……如果家长自己不提高、不反思，打孩子这招早晚会失灵，到那时家长后悔晚矣。

此外，家长不可在自己情绪不稳定的时候打孩子，那样会给孩子带来意外的伤害，自己也会终身悔恨！如果自己情绪不好，不管孩子犯了什么错，都请暂时不要对孩子进行惩罚。等自己心情完全平静后再说！

至于具体到如何打，打什么部位我在这里暂时不讲。但我想说的是，打孩子时，只针对他所犯的错，不可对孩子的人格进行羞辱，比如说脱裤子、脱衣服等，也不可用羞辱性的语言。如果采用了这些方式，那是对孩子的根本否定。孩子面对这样的虐待，会产生一定程度心理上的扭曲。这种扭曲，在其今后的人生经历中是一种负面的体验，这对孩子的一生来说都是犯罪，要记住，这时自己已不是一个教育者，而是一个罪犯！

面对"打孩子"这一话题，我愿永久地讨论下去。

交流台

撒欢儿吧：

前几天和几个妈妈聊天，有一个妈妈说她经常打孩子，而且是打嘴巴！我吃惊得半天没敢说话，而后一直在心里提醒自己别乱发言，每个人都有不同的教育方式，但实在也觉得太残忍了点，这是对孩子很大的侮辱。俗话说"打人不打脸"，如果一个孩子对外人，包括他的父母对他这样的侮辱不愤怒，那么他长大以后也会对任何诋毁他人格的行为无所谓了，那么他以后会有自尊吗，会有自信吗？

Part 2

找对方法，
你也能让孩子爱上学习

在教育中，学习成绩的好坏是许多家长关注的问题，也是现代教育谈论最多的话题，更是许多教育专家很难回答的问题，这确实是个摆在我们面前的问题。

message 1

能力教育是家庭教育的主线

　　家庭是孩子成长过程中的第一所学校，父母是孩子成长过程中的第一任老师。这个人生第一所学校是一所与专业学校完全不同的学校，在这里，将教会孩子如何生活、如何思考，能力教育是教育的主线。

　　我家孩子上三年级之前，曾经写过三篇《研究报告》。让孩子写研究报告主要来源于我的一个想法：孩子面对知识，主要的任务不是学会知识本身，而是从中探索获得知识的途径与方式，这样她就可以根据自己的需求而求索。探索知识的主要途径是：提出问题；对问题的答案给出假设；寻找解决问题获取答案的办法；操作；写出寻找到的答案；把找到的答案与自己原来假设的答案进行对比与分析，从中得出最终结论；记录下给予自己帮助的人及知识、书籍，以此表示对知识产权应有的尊重。我认为，当孩子可以熟练地在生活中运用这一途径主动寻找知识时，就具有了科学思维的阶梯。

♥ 4岁时的第一份报告——《远足报告》

　　我知道要达到这一步并非一朝一夕之功，在孩子4岁时我们就开始了这方面的工作。她在那年写出了自己的第一份报告，不，不是写出，而是画出一份《远足报告》。可惜的是这份《远足报告》被小崽子拿到幼儿园去显摆，结果给弄丢了，我连照片也没有留下。这份报告表面的目的是寻找春天，记录从我们家到北京动物园这一路上，我们徒步走的一侧到底有多少棵树。内在的目的是，我想让孩子体验徒步的快乐以及熟悉社区与公共汽车站，此外就是让孩子第一次感受写报告。这件事对孩子的影响很深远，以至于她6岁时在深圳走失后，运用了这些能力自己找到了我们，回到了旅馆。

♥ 一年级时的第二份报告——《花蝴蝶是不是有毒的》

孩子一年级时，她写了第二篇报告《花蝴蝶是不是有毒的》。

写这篇报告的目的，从表面上看是让孩子自己寻找一个问题的答案并把它记录下来，其背后的目的是：

一、提高孩子的阅读量与阅读兴趣，当她带着问题阅读时，其阅读效率会大大提高。

二、孩子学会自己对需要阅读的内容进行选择，在阅读中感受自己驾驭图书的快乐，使她知道这才是生活的快乐、学习的快乐，减少她上学以后产生的被书驾驭的不良感受。

三、孩子了解到获得图书资讯的渠道与方法，这是她第一次进入一个正式的图书馆，在那里她知道了这种公共设施的使用规则，同时也知道遇到问题时，她可以主动向图书馆求助。

四、通过写报告的过程，学会尊重别人的知识产权，在这份报告后面，她仔细地列出了所有参考书目。

当然了，除了以上这些之外，孩子从这份报告中还意外地获得了成就感。凭这篇满是汉语拼音的小文，她获得了当年《北京晚报》与央视搞的一个征文活动的二等奖，并得到了几百元的图书券。

这份报告除了达到了我前面所说的那几个目的之外，还让女儿的精神上有了一个不一样的收获。从此她真的喜欢上阅读与写文章。下面是孩子上一年级时写的这份《花蝴蝶是不是有毒的》的全文。当时这篇研究报告主要是用汉字加汉语拼音写成的，为了大家阅读的方便，我已把汉语拼音的部分改成汉字。

研究课题：花蝴蝶是不是有毒的?

1.我听妈妈说在自然界中，有很多特别漂亮的动植物都有毒。例如：眼镜蛇、花蘑菇等，都很漂亮但是都有毒。

2.我看电视里的动物世界中，也说特别漂亮的动植物都有毒，要特别小心。

3.因为以上两个原因，所以我想出花蝴蝶是不是有毒的这个问题。我猜想花蝴蝶是有毒的。

研究报告

报告人：王君照

首先说颜色，动物身上的颜色分两类：一类是色彩鲜艳的，一类是灰暗的。通常颜色鲜艳的动物都有秘密武器，否则容易被其他的动物吃掉；而颜色灰暗的动物不容易被其他的动物发现，所以它们生活得安宁些。

其次说昆虫，许多昆虫都会伪装，使它们很难被发现；有些昆虫则浑身鲜艳明亮很容易看见，但它们通常有毒，或者是它们很难吃。

最后说蝴蝶，蝴蝶主要生活在花丛中，在这个漂亮的环境中，颜色鲜艳的花蝴蝶如果停在花上是很难被它的敌人发现的，花蝴蝶身上鲜艳的颜色是它的伪装，当花蝴蝶在空中飞舞时，鲜艳的颜色又会吓退它的敌人，使敌人误认为它有毒，或是误认为它很难吃，所以大多数的蝴蝶是没有毒的。但也有少量的花蝴蝶确实有毒，它的敌人吃了它就会不舒服。

所查阅的资料（所有资料都在石景山少儿图书馆查阅）：

《少年探秘百科全书——动植物探秘》中的"色彩部分"。P136~137

《奇妙的昆虫》中的"别吃我"部分。P20

《小探索者——昆虫王国》中的"别碰"部分。P44

《小探索者——蝴蝶和蛾》中的全部内容。

报告日期：2000年2月14日

💙 二年级时的第三份报告 ——《海水为什么是咸的》

研究报告

报告人：王君照

一、研究课题：海水为什么是咸的？

1. 我在广西北海玩儿的时候，常常到海里去游泳尝过海水，所以知道它是咸的。

2. 在北京海洋馆的触摸池那儿，当我摸完海星后，嗞了一下手指，也是咸的。

3. 因为以上两个原因，我知道海水同我们平常喝的水不一样，但是我想知道海水为什么是咸的？

二、研究途径和方法：

1. 问家长；

2. 去图书馆查资料；

3. 做实验。

三、研究过程：

1. a）家长只知道我们平常喝的水是江、河、湖里的水，这些水都是淡水，但不知道海水为什么是咸的；

b）家长提出建议，让我看关于海洋及气象方面的图书。

2. a）在图书馆查阅了《中国少年儿童百科全书》的自然、环境部分中的水的循环P179；《儿童百科全书》P2～P103；《十万个为什么》的地球科学分册P304；

b）阅读了《海水为什么是咸的》和《奇妙的天气》这两本图书的全部内容。

3. 在家里做实验（注意：本实验必须同家长一起做）

a）准备一些盐、一口锅、盛满水的瓶子和一个有火的炉子；

b) 盐代表岩石里的盐；瓶子里的水代表天上下的雨；锅代表海；炉子里的火代表太阳；

c) 把盐放在盛满水的瓶子里，表示天上下雨了，雨水把岩石里的盐冲到了河里，此时瓶子里的淡盐水代表的是河水；

d) 把瓶子里的淡盐水倒进锅里，表示河水流到了海里；

e) 再把盛有淡盐水的锅放到火上。等水开后，拿一个凉锅盖儿盖在开水锅上。过一会儿打开锅盖儿，就会发现锅盖儿上有许多小水珠。用手指蘸一蘸小水珠，再尝一尝，会发现其味道是淡的。这表示太阳把海水里的水晒得蒸发了，变成水蒸气，飘到天上变成云，云遇冷后又会变成雨下到陆地上，而大部分的盐分却都留在了海里。

四、研究结论：

陆地上的岩石里有盐，下雨时，雨水把岩石里的盐冲到了江、河、湖里，江、河、湖里的水又流进了大海，这些水就这样把盐带到了海里。在阳光的照射下，海里的水，蒸发到天上变成云，云遇冷后又会变成雨，再下到陆地上。可是海里的盐并没有蒸发到天上，而是留在了海里。就这样周而复始地不断重复，海水里的盐就不断增加，经过上亿年的时间，海里的盐越来越多，海水就变咸了。

综上所述：

结论一：海里有很多盐，所以海水是咸的。

结论二：江水、河水和湖水里都有盐，只是盐很少，我们尝不出来咸味儿，所以我们认为这些水是淡水。

结论三：同样道理，不是所有的湖水都是淡水，那些没有出海口的内陆湖水也是咸的，我们平常所喝的湖水不是内陆湖水，所以是淡水。

附录（所有资料都在石景山少儿图书馆查阅）：

《中国少年儿童百科全书》的自然、环境部分中的水的循环P179（浙江教育出版社）。

《儿童百科全书》——大不列颠版 P2～P103（湖南少儿出版社）。

《十万个为什么》的地球科学分册 P304——新世纪版（少年儿童出版社）。

《海水为什么是咸的》的全部内容（浙江少年儿童出版社）。

《奇妙的天气》的全部内容（吉林摄影出版社）。

报告日期：2001年2月8日

这是孩子上二年级时写出的第三份研究报告。这份报告是第一份真正意义上、初步具有研究报告模样的文章。在这篇研究报告中，孩子提出想研究的问题，写出了用以研究问题的途径及研究过程，并最终写出了研究结论，后面还附了所有查阅过的资料清单。从这篇报告中不难看出：写研究报告的过程中有孩子第一份《远足报告》的影子；对资料的总结与研究中有第二份研究报告对她的影响，她这样一步一步地慢慢前行，步入科学思维的阶梯，一点点得到科学思维的能力。

现在孩子已上高中，她的理科成绩并不好，但我从来没有担心过，因为她不会失去为自己好奇心而探索答案的能力。只要她心中存在好奇，存在疑问，就会用过去几年来用过的思维途径去寻找答案。在我们这个家庭中，她早已具有了这种能力。

之所以把孩子的三份报告都列在上面，我是想通过自己孩子的发展轨迹结合自己所学，跟家长们一起探讨如何对孩子进行能力教育这个问题。

我认为现在的学校教育基本上都停留在学科教育与知识教育的水平，家长想改变这一点很难。但作为家长，我们不能因为这样做很难就放弃能力教育。只要家长具有这方面的思想意识与追求，能力教育在家庭里完全可以自行开展。

允许孩子尝试

家庭教育中开展能力教育，要做到允许孩子尝试。人的能力增长具有一个明显的特质：用已有的生活经验解决未遇到过的生活问题，并从中得出新的生活经验。

记得有一次我与一位妈妈聊天，她5岁的儿子在我们身边，对着一个空的塑料水瓶发动进攻，不断地变换着各种姿势踩那个空瓶，弄得瓶子吱吱嘎嘎地在他的脚底下乱响。这位妈妈终于忍不住了，大声把小男孩儿训了一顿。孩子很不情愿地丢下瓶子跑到别处玩儿去了。妈妈不好意思地对我说："男孩子就是这样淘气，真没办法。"我却对这位妈妈说："这个孩子在搞一个科学试验，可惜被你打扰了。我看见他在踩这个瓶子之前已踩过一个同样质地的瓶子，并且顺利地把它踩扁了，这一过程使他得到了一个生活经验，空瓶子一踩就扁。可当他踩这个瓶子时却发现前一条生活经验不灵了，这让他很奇怪也很气愤，所以他一直不断地在那里踩这个瓶子。瓶子不扁的原因是，这个空瓶子盖着盖子，瓶子里的空气跑不出来，所以孩子没能把它弄扁。"

从这件事上不难看出，男孩子踩前一个瓶子时得到的经验，在验证时却出了问题，他想找出问题的原因，所以一直在那里不放过那个盖了盖子的瓶子。如果这位妈妈允许孩子一直这样试下去，这个男孩儿应该可以找出问题的答案。就算他没有找到答案，这种尝试对这个孩子而言也是有意义的，因为他为了自己内心的怀疑而探索过。只要这个怀疑在，我想这个男孩子应该不会放弃。

过程论，不为结果论

能力的增长其实是一个过程，它一般不会突然增加，所以我认为反复尝试，比一次就找到结果要有意思得多。

比如我家孩子写研究报告之事，前面的两篇大家可能会认为，对于一个小学一二年级的学生而言，这样的东西已很像模像样了，但我想说的是，这样的结果不是一蹴而就的。从孩子4岁开始画《远足报告》到现在她已15岁了，她写过许多研究报告，有植物报告，有比例尺报告等，其中有些报告并没有真的写完，也有的报告只画出了草图……

我认为报告有结论当然好，没有结论也完全允许，只要孩子的思路是一个完整的科学思维过程就可以，这一过程才是能力教育的重点。过程可以迁移到别的事物之中，具体的知识点、结论与结果都很难迁移。孩子接受知识教育的机会远远多于接受能力教育。在这一前提下，使家庭教育强调过程成为可能，这也是我在家庭教育中，更看重过程的展示，而非研究结果的原因。

让孩子自己去研究探索，不要加以"阉割"

当孩子对"花蝴蝶是否有毒"或是"海水为什么是咸的"这类问题产生疑惑时，我认为这些问题对于一个刚上小学的孩子来说太难了，但我并不阻止孩子的这些想法，不会对她说："等你长大了就会明白。"因为我知道，孩子对知识点的理解是分年龄段的，但孩子对知识的探索冲动却不分年龄。这是两个完全不一样的命题，不可混为一谈，否则孩子一旦养成习惯：不是我这个年龄段应该知道的事我就不问、不探索，结果很可能是到了孩子可以了解与掌握这种知识的年龄段时，他对这些知识早已提不起兴趣了。他在生活中早已习惯于等待，而不是探索。因此我认为哪怕这些问题对这个孩子当时的年龄有多么不适合，都不应该阻止孩子的想法，而应该让他们自己去寻找答案，哪怕找出来的答案是多么的幼稚、可笑，甚至是错误的，只要与孩子当时的年龄特点相符，我就会认同。答案不重要，重要的是过程本身。只要做到当孩子长大一些，具有了新知识后再把过去他写过的研究报告拿出来，重新寻求新的答案即可。

我认为只要做到以上三点，就可以在自己的家庭里开展对孩子的能力教育。孩子有了这种科学思维与探索能力时，他在学校学到的知识就不会是一个一个相互没有联系的知识点，而会是在能力和经验的基础上，不断地把自己所学到的，或自己发现的新知识点串联在一起，打造出一条他们自己理解或明白的知识链。这条知识链在其成长中会不断有新知识增加进来，在新知识进来的同时，孩子对知识探索的能力也会越来越强。家长在这个过程中要做的就是不断地用孩子自己的问题引导孩子进行探索，不断支持孩子为寻找新的答案而尝试，不断地鼓励孩子在探索中努力付出。孩子会一直这样探索下去，不断地增长自己的能力。这就是我在孩子能力教育上的思维轨迹。

交流台

青椒：

在学校这种东西很难完成，时间和精力都很难达到。真的需要家长有格外的"照顾"。

今天我们班的一个小男孩在语文课上画画。但是他跟别人画得不一样，他在画圆圈，有的是实心的，有的是空心的，按照一定顺序排列着。我知道他脑子里根本没想语文的事情，而是专心做着他的研究。我还是让他把东西收起来，提醒他下课之后继续他的伟大事业。但是"好景"不长，他又把小本拿上来继续画了，往常叫他，他是没有反应的。今天当我又跟他说下课再继续完成他伟大的创作研究的时候，他抬头看了看我，把东西收起来了。呵呵，所以看猫妈的博客有好处。

淘猫妈：

这种问题在学校教育中实在是难以达成，所以除了学校教育，家庭教育也可以完成这部分内容。只要家长们自己动起来，孩子的教育还是有希望的。

当孩子发现自己的行为可以被老师认可时，他配合老师工作也就在情理之中了。嘿嘿，还是青椒老师用得好！

让知识变成力量

　　家长也是教育者，家庭教育也是教育一个不可缺少的部分，学校教育做不到的方面正是家庭教育的天地。只要家长朋友不放弃，我们的孩子也会在自己的手里顺利成长！

　　虽然中国的基础教育有一定的不足，但我们不能只是望中国基础教育而兴叹，只顾狂骂中国教育中的问题。

　　我自己的成长过程可以证明这一点。记得小时候，我是家里的小公主，可以说什么事都不做，而哥哥却要承担家里的许多家务，比如生炉子、洗衣、洗碗、做饭、蒸馒头等工作。正因如此，哥哥上小学时，老师讲到热胀冷缩，他没有遇到什么问题就理解了。而我学到这部分内容却遇到了麻烦，爸爸、哥哥跟我说：蒸馒头时要让馒头与馒头之间留有一定的空间，否则锅一热起来，馒头与馒头就黏在一起了。可我就是理解不了，认为当然馒头与馒头之间应该是分开的，熟馒头里多了许多气儿，它变胖了，这有什么胀不胀的？在这点上爸爸与哥哥实在是跟我讲不明白。

　　结果有一天，哥哥不知从哪儿找来了一枚铜钱儿与一块木板，他把两颗铁钉钉在板儿上，两个钉子间的距离刚好可以让铜钱儿通过，然后他又用铁丝弯了一个小钩儿，用小钩儿勾着那枚铜钱儿在火上烧，当烧到铜钱儿开始变色的时候，他把铜钱儿放到了那两颗铁钉的中间，并把木板立了起来，奇迹发生了，铜钱儿竟然被卡在了铁钉中间没有落下去……哥哥得意地说："看看，这铜钱儿里没有气泡吧，不也变大了吗，这就是热胀冷缩！"我不讲理地说："原来这铜钱就会卡住的，你刚才又没有拿起来给我看，我才不信哩！"哥哥急了，用小钩子提着铜钱丢到了冷水里，只听"咝"的一声后，铜钱快速冷却了。他再一次把这冷却的铜钱放到立起来的小木板的铁钉中间，这下我傻了，那铜钱儿一下就从铁钉间溜了下去。

从来都是我找哥哥错，爸爸、妈妈从来都宠着我、向着我，摆在眼前的事实让哥哥好好地教育了我一番，这让我很不服气。为了否定这该死的，让我丢尽颜面的热胀冷缩定律，我想尽了办法不断地尝试，可是每次尝试都以我的失败而告终，但热胀冷缩定律在这番"复仇"过程里深深地进入了我的生活。

直到前几年在我的办公室里遇到这样一件事：

有一个铅芯盒卡在了笔筒里，大家要用盒子里的铅芯，却怎么也拿不出来那小小的盒子，它死死地卡在笔筒下面，用小刀儿撬，小棍儿捅，敲敲磕磕的，可它就是出不来。半天过后，所有同事都准备放弃了，他们决定再去买一盒儿。我接过他们手里的笔筒看了看，说我可以把它拿出来。同事们都不信，要知道他们可是用尽了办法都没有拿出，没人相信我能办到这件被他们判了"死刑"的案子，大家提出要求：不可以把漂亮的笔筒砸坏，必须让笔筒与铅芯盒都完好。

我答应了他们的要求，把卡了铅芯盒儿的笔筒拿到开水房，用开水把笔筒的外缘烫了烫，然后把笔筒倒过来轻轻在台子上一磕，铅芯盒乖乖地落到了台子上。当我把完好无损的笔筒与铅芯盒分别放在同事们的眼前时，差点将他们的眼珠子给惊出来，他们一定要我说是如何办到的。我讲述完操作过程后，他们一个个表情沮丧，谁也没想到能用小学学过的热胀冷缩的原理办到此事。要知道这里面所有的同事都是大学毕业生，其中北大的、北外的全有，还有一位是硕士哩。在心里窃笑的同时，我也深深地知道，这绝不是他们真的没有这个知识，只是这一知识对他们而言是死知识，从来没有用热胀冷缩解决过自己生活中的问题，它还不是大家的生活常识，当然也就不会想到如何使用了。

我之所以写出这件事，是想告诉家长朋友，孩子在中小学所学的许多知识都是常识，都可以在生活中运用与展示。如果家长不引着孩子玩儿这些知识，展示它们在生活中的魅力，孩子就不会知道：知识与生活是紧密相连的，现在所学必是将来所用。只有在孩子上幼儿园、小学、中学期间，家长帮助孩子在生活中建立起知识运用的能力，使他们对自己所学的知识有具体的生活感受，孩子们在学习中、在今后的生活中、工作中，才会有运用知识的冲动，才会有自我运用知识的能力，也才会从中感到学习的乐趣。当然这时候知识也才真正地成为力量！

🐵 交流台

乡晨有辉：

能有这样的家庭教育真是一件让人羡慕的事情。我开始用自己的脑袋思考是在考上研究生之后，有位老师在讲文学史时若无其事地提了一句：看《明史》要注意那是清朝人修的《明史》。当时还不明白，过后才琢磨出点儿味道。太晚，却也庆幸还是开始了，近期看猫妈的文章让我感到希望还是在人间啊！

淘猫妈：

哈哈，这说明你的老师很有水平，这样简简单单的一句话，却成为你今后思想修炼方面的指路明灯。其实生活教育我们的过程和你这个学习过程一样，在不经意间就学到了。作为家长，作为老师，我们要深深记住这一过程，因为我们平时的一句不经意的话，就可能会给我们的孩子带来不一样的人生！

message ③

怎么帮孩子有效学习

有的家长在孩子上小学时放手，结果成绩掉下来；有的家长则是在孩子上中学时放手，成绩掉下来。有此苦恼的家长一般都会说，我的孩子什么都好，就是在学习上特别没有自觉性！。

一位家长朋友想知道如何管教她上小学五年级的孩子，原因是：上学后家长每天晚上一直盯着孩子学习，其成绩一直不错。但现在孩子已上五年级，家长认为不能总盯着他，应该让他自己学习。结果不盯着学习就不踏实，成绩也就下来了。

有这样疑问的家长朋友还真不少！

每逢此时都让我想起"扶上马，送一程"这句话！

如果能把这句话变成一段动画片真的很有意思：家长们面对着自己的孩子，边上有一匹准备好的马（后面的情景就要靠每位家长自己想象了……）。

首先，家长们的共同认识是孩子都要上马，上马才有未来。但为什么要上马？上马以后家长应该怎么办？这些问题许多家长朋友都没有想明白。在这种没有想明白的情况下、在时不我待的心理作用下、在为了孩子好的动力下，家长朋友们纷纷扶孩子上马。上马之后，许多家长朋友不清楚上马的目的，追求的方向变得五花八门，结果也就千差万别了。有的让孩子走特长之路，在一技一能上下苦功；有的让孩子走处处开花之路，为全面出击而奔波；还有的让孩子走精选重点之路，在教改政策上苦苦求索……真可谓八仙过海各显神通。丰富是丰富了，热闹也热闹了，虽没掉队也付出了金钱与精力，可让他们说说这上马的目的，一个个还是说不太清。有的说为了孩子能上好学校，有的说为了孩子能多学些本领，还有的说只要为了孩子好，吃多少苦都不怕……面对这乱糟糟的一片，既然如此，大家还是先理清让孩子上马的原因比较好。

我以为上马的目的不是让孩子骑着马奔向家长为他选定的目标这么简单，而是教孩子学会骑马，最后可以独自骑马奔向他自己想去的目标。在这一过程中应该从走，到越走越快，再到奔驰起来闯出自己的新天地。在这个过程中，孩子上马是第一步。如何使孩子上马很有学问：一种是完全不管，等孩子长大了，摔得多了自己自然就学会上马了；另一种是由家长帮忙扶上马背。

如果条件允许，家长们多不忍让孩子自己上马，他们知道孩子自己上马的过程一定会有许许多多的摔打与磕碰，伴随磨砺而来的是孩子身心上的伤痛。为了不让自己的孩子经历这些不必要的伤害，家长只要有条件都愿意扶孩子上马。家长们多是"没有条件创造条件也要扶上马"以此付出换取孩子成长平安，我自己也同样。

在上马这个环节上，我猜想家长的做法都差不多。可是上马之后，家长朋友的做法就差异大了。有的家长在孩子上马之后，死死地扶着孩子，生怕孩子从马上掉下来。马不动时还可以，可马是要动、要跑的，结果马一走起来，家长就累了，拼命地追马，结果是马根本就跑不起来，家长也累得要死。试想一下，一直盯着孩子学习，随着孩子的长大与学习压力的增加，盯人防守的家长得有多累。他们失去自己的生活，没有自己的朋友，他们的生活中、心里面只有孩子。可悲的是许多这样做的家长朋友看不到，他们的行为阻挡了孩子们快速进步，却反过来责备自己的孩子学习能力差，总是要别人盯着、管着。

"太危险了，还是护着走放心！"

"乖，自己上，别怕！"

"别担心，有妈妈在！"

"宝贝，妈妈给你加油！"

还有的家长，把孩子扶上马之后，认为以后就是孩子自己的事了。双手一放当起甩手掌柜，结果则是相当危险。孩子自己骑在高高的马背上，一个没坐稳会大头朝下来个"倒栽葱"，受伤就没轻的。面对这样的后果，还不如不扶孩子上马呢，玩儿这手不是教育孩子而是害孩子！一些家长朋友就是这样在操作时出了问题。结果孩子掉下来，摔伤了。前面提问的家长朋友先是用了第一种办法，自己感到力不从心时，又马上变成了第二种办法，结果无论哪种办法在她手里都感到那么不适用。

当孩子习惯于学习时一直被别人盯着，而家长没有帮孩子做好任何准备工作，一旦突然放手，孩子对突然到来的自由会不知所措，不会自我选择，结果自然是"你放松我，我自己也就放松自己"。当家长发现孩子的学习出现问题时为时已晚，结果家长们选择立刻回头，马上收回已放给孩子的自由与权利，甚至有的盯得比原来还紧。这就成了"一放就不学，一盯就管用"的局面，青春期的叛逆力量在这一放一收、再放再收的过程中一点点积蓄，总有一天会爆发出来冲到家长朋友的面前！家长朋友看不到其背后的危机，还执著地在教育孩子的过程中不断地为他贴上学习不自觉的标签！

从一放一收中可以看出，选择不放手的家长最后会被累死，会被迫放手。选择猛放手的家长则会让孩子的身心承受不必要的伤害，最后被迫回到不放手的局面。家长们就是在放－收－放－收的过程中走向被迫全放手。无论哪种选择，结果好像都很无奈！其实如果一开始，家长朋友就对孩子上马的目的很明确，后面的许多问题也就会迎刃而解了。

既然孩子必须上马，上马的目的是让他们可以自己骑马奔驰，进行人生竞技，那么当家长们把孩子扶上马之后，是要送一程的。但只是送一程，并非一直送下去。在送一程的时间里，家长需要为放手做好心理准备，不断地进行放手的尝试，保证孩子安全的同时，脱手越早，孩子自己骑得就越快。尝试放手已成为扶孩子上马的家长们的必修课。在整个尝试过程中，一定也会出现孩子掉下马的情况。为防止这种情况发生，家长在孩子还没有保护自己的能力的前提下，一定会在马的四周与跑道上放上软垫；或者不会让马跑起来；有的家长会选择一些小型的马让孩子先练练……所有这一切是为了达到家长放手后，孩子可以独自骑马奔跑的目的。

把"扶上马，送一程"的经验放在管理孩子学习上，就变成：孩子上学后，家长花许多精力与时间盯着孩子学习的同时，要为不盯着孩子的学习做准备。比如，言语上激励孩子，让他们感到自己真的是大人了，可以自己管理自己了。知道当孩子离开成人的看管时会有一些放松，家长要为这种行为放松、成绩下降做一个心理准备，在自己的心底设几条线，告诉自己在这种情况下，自己会有什么应对策略，先在自己心里打下一些放手后自己应该怎么办的基础，用以避免放手后孩子成绩下降过快自己无法面对的局面。

当所有心理准备、前提准备都做好后，家长可以开始尝试着慢慢放手。这时不是完全不管孩子的学习，而是在放手期间，不断向孩子强调：你真棒，没有爸爸、妈妈盯着也可以自己学习，你真了不起，你真是长大了。这时，孩子一方面感到家长放手后的宽松；另一方面感到来自家长方面的正向力量。他们开始接受这样的心理暗示：我很棒，不用爸爸、妈妈管我。大多数孩子没有家长盯着时学习成绩会有所下降，此时家长切不可向他强调，看看没有我们盯着不成吧，成绩下降了吧。而是坐下来与孩子一起商量如何面对成绩下降的问题，要不要还如过去一般由家长管着你？多数孩子会选择"不，还要自己管自己！"这时，家长就可以让孩子自己提出解决成绩下降的办法。家长朋友要明白进行这些步骤的目的，不是让孩子的学习成绩不下降，而是让孩子在放与收之间感受自我管理的乐趣，从家长放手与成绩下降的过程中找到一个自己管理自己的平衡点，当这一平衡做得比较好时，家长就可以进一步放手，再走下一步。为了培养孩子管理自己的水平，家长也可以把管理家长的一些权力交给孩子，使他们从中学会管理中的公平尺度在哪里，当他们用这些尺度衡量家长时，他们也就不会拒绝家长用这些尺度衡量自己。

这一成长过程是缓慢的，从来都是摸着石头过河，一点点来，家长朋友切不可操之过急。在这种慢慢成长中，孩子就会在自己管理自己的问题上越做越好，最终完成完全放手、让其独立远行的目的。用一句话总结这一过程就是："让孩子在不知不觉中，走家长精心铺设好的道路。""扶上马，送一程"可以说是家长在管理孩子学习时的一个必修内容。

💬 交 流 台

玥妈：

"扶一程"的方法因孩子与家长的个性和具体情况而异。"把管理家长的权力交给孩子"的想法有意思。

淘猫妈：

其实家长与孩子之间是管理与被管理的相互作用，不是一个单向的行为。不是只有家长管孩子，其实孩子也在管理着家长。如果你不把这种权力给孩子，不要以为他们就没有，他们会在自己的心里一万次地偷偷使用这种权力。等到有一天孩子有这个能力当着家长的面使用这个管理权时，家长就被动了。

message ④

幼小衔接，在游戏中学习

幼儿园和小学分别是孩子两个不同人生阶段的初始，幼儿园是集体生活的初始阶段，而小学是专业知识学习的初始阶段。如何做好幼儿园与小学的衔接，如何做好生活与知识学习的衔接，将成为老师和家长最关心的问题。

有一位幼儿园的老师给我写信说：

淘猫妈老师，最近我发现在幼儿的作业栏中经常出现写数字练习，我很疑惑。我们现在都在搞主题活动，怎么有些班级单独练习写数字？老师们说：家长让练习的！接着又说：我也认为这就是真正的学习。果然，第二天有一名家长找到我说："我的孩子没报上学前班，明年就该上学了，我们想让孩子在幼儿园里多学写字、写数字。"看来这不是一个家长的想法，我准备在我们的业务学习中让老师们讨论这个问题。非常想听听您的高见。

我给这位老师朋友的回复是：

幼小衔接是幼儿园工作的重点之一，对于幼儿园大班教学而言，如何做好幼小衔接是教师工作的重中之重。但"什么才是幼儿园应该进行的幼小衔接工作"，人们在认知上存在着一些差异。

比如，你所说的那位老师及那位家长对幼小衔接工作的认知是：小孩子在幼儿园里多学点，将来上学也可以轻松点儿。还有一些孩子已上小学的家长朋友，也会向别的孩子将要上小学的家长朋友传递这样一个信息：在幼儿园时多学了那么点，后来上小学写作业可快多了，多学一点就是没坏处。

如果大家都这样想，我们的孩子以后会面临什么样的局面呢？幼儿园上小学的课，小学教中学的书……这样一步一步地走下去，他们真的都能成为我们心里所期盼的小天才吗？答案是否定的。在这种样样提早、步步紧逼的方式下，绝大多数孩子成不了天才，反而在其成长过程中出现这样、那样的问题，有些孩子最后会成为父母眼里全身都是毛病的"搅家精"！

让我们设想一下，如果孩子在幼儿园提前学过小学的一些知识，进入小学后老师讲到这部分知识时，那些学过的孩子们当然会感到很轻松，可轻松的同时带来的却是不专心听讲，那些知识他们已学过，已会了，重新让他们学习，只会让孩子感到无聊与无趣，这样上课时他们的小动作就会不自觉地多起来。从表面上看这样的孩子是比别的同学多学了点知识，实际上这样的孩子会有上课不好好听讲的坏习惯。

上幼儿园期间最重要的不是教给孩子多少知识，而是给孩子一个好的学习习惯。只有养成良好的学习习惯，孩子才能顺利地走完今后的学习道路！

反之，孩子一旦缺少学习、生活上的好习惯，他虽然走进了小学生活，但他的学习状况可能是这个样子的：上课总是不注意听讲，对课程总是一知半解，作业出错率高，时间一长孩子对学习会缺乏兴趣，学习时需要家长盯着，学习上没有主动性的坏习惯又形成了……一步步下去，以前提前学的那点儿知识，提前准备的那些工作都变得事与愿违。

因此，我认为想要搞好幼小衔接工作，幼儿园的教师群体首先要对此项工作有一个重新认识，他们要明白，幼儿园进行的幼小衔接，不是教会孩子多少小学的课程，而是使幼儿园的孩子在他们的生活中感受学习、培养学习习惯，以便使孩子能顺利地进入小学生活。

或许有些老师也会提出这样的问题，培养孩子的学习习惯，孩子不学习，又该如何培养孩子的学习习惯呢？"生活"是一个具有非常丰富内涵的词汇，学习就包含在生活之中，是生活的一种特殊表达形式，许多生活习惯都可以向学习转移。

比如：不用老师与家长催促就可以安排好自己要做的几件事的顺序（可以是几个游戏的顺序，也可以是游戏与看书这两件事的顺序等），孩子从这些过程中可以感受到秩序与条理。再比如：自己收拾好玩具，就是对事物进行归纳与总结的能力，这一过程其实是数学逻辑能力的一种实物性操作与体验。

再有，对快要上小学的大班孩子而言最为重要的事，不是提前学习小学知识，而是进行感觉统合方面的测评。现在很多城市里的孩子因为教养方式与自然环境的改变都会出现一些感统问题，提前发现这些问题，并对孩子进行有指向性的专门训练、加强训练才是重中之重。许多有感统问题的孩子进入小学之后，都出现做事磨蹭、注意力不集中、书写与阅读时出现许多明显错误等问题。有这种特质的孩子在学习的高压力下，最终会走向学习障碍生的群体，这其中的问题比少学几个知识点、少学几个字严重得多。幼儿园的自由时间多，运动时间多，家长与老师都可以利用这些时间为孩子创设肢体训练环境，这些运动都是感统训练的辅助练习，对孩子感觉统合培养起着关键作用。表面上孩子们是在疯玩儿，实际上它是在帮助孩子充分练习自己的肢体以及眼、口、手等精细运动能力，为将来进入小学快速写作业、作业少出错打下肢体能力基础。如果带着这样的问题进入小学，小学的教育重点已转到知识点的学习上，运动量远远小于幼儿园，一方面是学习的压力，一方面是孩子感统不好需要训练的压力，两种压力都让孩子背上，其痛苦程度就可想而知了。

当幼儿园老师们对幼小衔接工作有一个清楚的认知时，一旦遇到前面提到的那种家长，就可以通过事实向其表明什么才是真正的幼小衔接工作，为什么不能按家长的想法去做，帮助家长朋友们从根本上认识到幼小衔接工作的内容重点，以及为什么不安排学写字、学知识等内容的原因，使他们可以主动配合幼儿园的教学工作，帮孩子们过好幼小衔接这一关。这才是幼儿园里真正的学习。

交流台

鸽子：

我家孩子也快要上小学了，可以说，确实存在这种情况。可是又有什么办法呢？我家孩子没在幼儿园里搞这么一个衔接，听同事说，小学里很多孩子都是超前学习。我们现在给孩子报了一个学前班，否则真的担心孩子到时候跟不上。成绩是其次，就怕损伤孩子的自信心，怕孩子觉得自己没有其他孩子好。

北采荷：

培养孩子的能力比知识灌输，更符合教育的本质。

网友：

我家孩子读完大班之后又报了个学前班，学的内容倒是不少，像识字、算数、拼音、英语等都学过。当时我还感觉挺美的，觉得孩子学习能力很强，这钱没白花，真学了不少东西。可是，上了小学一年级之后，孩子渐渐表现不好了，老师反映孩子上课总是注意力不集中，不是抠手指头，就是在课本上画别的东西，东张西望的。后来，我问孩子为什么会这样，孩子说，老师说的内容我都学过了，没什么意思，就不想听了。我想这下可坏了！看了淘猫妈这篇文章，真是很有感触，其实孩子在幼儿园里没有必要学那么多东西，让他多玩玩，快乐就好。

message **5**

让孩子与书牵手

世上的知识犹如大海中的细沙数不胜数，而父母的大脑里的知识又是那么有限，所以当"知识有限"的父母遇到"十万个为什么"的孩子时，最好的方法就是让孩子去书中探索，自己寻找问题的答案。

前面曾经谈过，我女儿有一篇用汉语拼音及汉字写成的《花蝴蝶是不是有毒的》的报告，在报告中可以看到，为了写这份报告她查阅了大量的图书资料。凭老经验，刚上完一年级上半学期的小学生，所认汉字十分有限，不太可能有能力阅读这么多资料。我女儿之所以能达到这一水平也在于她在幼儿时就有了与书牵手的习惯。

我在这里谈的不是教孩子识字，而是培养孩子的阅读习惯。

每天在固定的时间，我都会与孩子一起读书。刚开始时，是我们俩一起读她的故事书，后来我发现孩子有了阅读的意愿，就开始让她自己看书。没想到自己看书问题就来了，她不断地来打扰我，不是让我给她读，就是跑来问我书中画的是什么意思，搞得我不胜其烦！

经过一些观察，我发现，不是我让孩子独立阅读错了，也不是应该先教孩子识字再让她去读书，而是我为孩子提供的书本有问题。当时在市场买的书，虽然是幼儿看的书，但里面的内容含量太多，字太小，句子太长，还加满了汉语拼音。这样的文字还会与画面有所重叠，孩子很难识别图画与文字之间的关系，她想模仿大人进行阅读时便会出现不能持久的问题。我女儿不是记忆力特好的孩子，不像别的孩子那样，与父母共读过几遍书，就能全本一字不落地背诵下来，她一般可以背出前面几句，或是几页，后面的就记不住了，自己看画又感到没意思，便行使她打扰我的小本领，一遍遍地来烦我，直到我放下自己的书与她共读才完事。

发现问题产生的原因后，我开始调整提供给孩子的读本。到市场上买我需要的图书，把里面的内容复印下来，再把故事认真地研究一番，从中精练出我需要的语句，用电脑打出来粘在复印好的画面上，再把我制作好的复印书页重新复印，使图面与文字真的成为一体。一页页做好之后，我把这些单页粘贴起来，成为我孩子专用的黑白图书。

给孩子讲故事时，我会用原版图书的文字内容，讲得内容丰富而有趣。与孩子共读图书时，我就会用自己制作的图书，同样的故事，语句简单了许多，文字与画面完全分开，孩子可以选择看画面或是看文字，黑白图书还为孩子提供了可以上色的功能。

自从有了这种自制图书，孩子自己读书的时间越来越多，很少打扰我了。我并没有专门教孩子识字，可她在阅读我自制的图书时，主动认识了不少汉字，也培养了良好的阅读习惯。到孩子上二年级时，她的课外阅读量已达到300多万字。我想，这在同龄孩子中并不多见。

女儿读我制作的图书阅读一年之后，这种图书再也满足不了她的阅读需求了，我开始在市场上买现成的图书给她看，此时孩子已有一定的阅读能力与基础，再看这样的图书也就不那么费劲了。到她上幼儿园大班时，她看的已是字画内容平分秋色的图书，上小学一年级时她已可以看简单的全文字图书了。为了满足孩子在阅读上的需求，我购买了大量的儿童读物，为孩子创设与书自然牵手的环境。

女儿的阅读习惯和与书牵手的习惯都已培养起来，但她的阅读毛病也开始出现，读起书来不求甚解、囫囵吞枣，了解了故事内容就完事儿了，我购书的速度赶不上她读书的速度。再就是我也不想让她这样读书，一方面她在糟蹋我的钱；另一方面她也在培养读书不求甚解的坏毛病。面对这种情况，我一直不知道如何入手，直到孩子向我提出："花蝴蝶是不是有毒？"这个问题时，我才有了新发现，事情经过是：

一天，我和孩子看"动物世界"，节目中曾谈到花的动物是有毒的。第二天，女儿对我说，她就喜欢花的漂亮的动植物。我便想到了头天晚上的电视节目，马上提醒孩子，喜欢也不要随便碰，有很多漂亮的动植物都有毒。女儿马上问我，花蝴蝶是不是有毒的？我一时没有答上来，就对她说我也说不准，等我查了书再告诉你。她很失望没再追问就走开了。

我看着她的背影突然想到，我可以在孩子面前承认妈妈不是万能的，承认妈妈也需要看书才能知道，为什么不能告诉她一条直接寻找知识的途径呢？如果这样，我无需为她买那么多图书，让孩子自己体验查书的经历，说不定她读书时也会认真起来呢！常言道"书非借不能读也"，就是这个道理！于是我通过114查找少儿图书馆的电话，告诉孩子，请她把提出的问题写下来，这就是她的一个研究课题，我可以同她一起到少儿图书馆，帮她查找想知道的问题的答案。

去图书馆的路上女儿十分兴奋，不断地向我打听有关图书馆的信息。我们去的是一所藏书丰富且具有良好管理的现代化的少儿图书馆，可以说是我所见过的最好的少儿图书馆，其藏书涵盖了从学前班到高中所有年龄段的孩子需要的图书。从在阅览室里就读的小读者们的行为上看，便知道这所少儿图书馆在当地已具有良好的社会基础，没有孩子们在这里吵闹，没有孩子们胡乱翻弄图书。他们在没有家长指导的情况下，都能在那里自己寻找感兴趣的图书。可以说在成人图书馆里能看到的那种安静有序，在这里同样也可以看到。从我看到的阅览室中图书的保护程度而言，这里已经超过了成人图书馆，许多图书都有七八成新。就是在这样一个良好的环境里，我同女儿一起寻找着那个问题的答案，由于没有复印机，我帮她把那些写有有关信息的图书及内容抄写下来，并在借阅室中借到了一本专门讲解蝴蝶的图书。

回家后，我帮她读完所有我们查到的资料，她用电脑将答案写下来，完成了这份研究报告——《花蝴蝶是不是有毒的》。由于女儿听说晚报上有《中国少年报》、《北京晚报》及梅地亚中心等单位共同举办的学生征文活动，便一定要把这篇自己用汉语拼音写成的研究报告寄去投稿。

对我而言，获奖是次要的，最重要的是让孩子学会使用公共图书馆，知道如何与书更亲密地牵手。当然这次得奖也更好地为孩子提供了与书牵手的原动力！

从此以后，去图书馆查书的活动就如磁石一般吸引着孩子。读书、查阅资料成为她生活的一部分，由于图书馆进入孩子的生活视野，也就无需要再如以前一样没完没了地买书，再就是从图书馆借来的书有期限，到时候就要还，这让孩子读书时仔细又认真，原来对书无所谓的态度有了比较明显的变化。这就是我把书这位朋友引荐给自己女儿的过程。现在她大了，上高中了，可书还是她最好的伙伴之一！

交流台

嘉嘉智子：

好孩子来自好家长，就这样循循善诱，引领孩子向着知识的宝库和美好的人生进发了。敬佩你，好妈妈。

网友：

很喜欢你的观点，我也是一个孩子的妈妈，你的很多观点都让我受益匪浅。

message ⑥

让孩子爱上古文

要想学之，必先喜之，只有孩子喜欢古文才有可能对它产生兴趣，才有可能学好古文，这是我的生活体验。

孩子进入中学后，要学习的文言文多了起来，这些古代汉语的表达方式让她很不适应，怎样才能帮助孩子学好文言文就成了我思考的重点。

我一直认为，学习缘于爱好。我上学时，我写过成本的古文与古体诗词，现在看来多是青涩的幼稚之作，但它们是我学习古文的基础，为我后来的古文学习及后来的写作起到很重要的作用！

从小我就是一只感情极为丰富的"猫"，每当读到婉约派的诗词时特别有感觉，常常也想这样写点儿啥。从此我开始自学写诗词，慢慢地了解到中国古文化的美、韵、润、奇、巧、简等特点，再大一些我便开始用古文写日记，因此背古文对我而言不是一件很苦的差事，更多是自得其乐。

拿陶渊明的《桃花源记》为例，现在我还能背下这篇古文，之所以很喜欢它，是因为它给我带来了不一般的感受。短短的几百个字，写出了人物、风景、叙事过程及结果。试想一下，我们用现代汉语写一篇这样的文章，可能练达到这种地步吗？绝不可能。仅此一点就显现出中国古文学的博大和精妙。

古文中用字很讲究，一般是一组一组相对，如："芳草鲜美，落英缤纷"就是非常典型的例句。这样使用句、字的例子大家还能从这篇古文中找到，从中不难看出古人用字、词的精准。"芳草"与"落英"相对，"鲜美"与"缤纷"成趣。"芳"为嗅觉词、"落"为视觉词；一个是闻的，一个是看的，仅两个字就表达了这么多的内涵。"草"与"英"在这里同为名词，词性相合。到"鲜美"与"缤纷"处又是嗅觉与视觉词相呼应。其中的新奇、巧妙可见一斑。

我这样一点一点地爱上了古文，开始喜欢背古文。（这是猫猫的歪批。如果这一过程能使你喜欢古文，再好不过。）

在对中国传统文化的学习中，我还有一个体会：从自己的兴趣出发，不断挖掘和尝试，也就一点点地进步。我喜欢古词与对联，就从这里下手，看了许多名家词作，也背诵了不少，后来就开始试着写，结果发现根底不够，就开始自学古文。在自学中了解到古文中有许多通假字，开始学时很烦，但有了一定的基础后，我开始认为通假字很有趣。中国古汉语大都一字一意。比如：现代汉语中"妻子"是已婚男士对与自己结婚女士的称呼；在古汉语中，"妻"与我们现在所说的"妻子"同义，而"子"却是指孩子的意思。这些奥妙要靠每个人自己去感受，去发现。

有了这些感受，辅导起孩子的古文也就目标明确起来，我无需看着她背诵，无需逼着她学古文，无需给她课外辅导古文，也无需帮她找出学古文时的漏洞。我只需让孩子喜欢上古文、玩古文，这可是"猫猫"的拿手好戏，我就喜欢玩儿！

为了达到这一效果，我与孩子一起外出时，会提前预备"功课"。孩子选好地点后，我会根据地点的自然环境特点，选背一些古文，与孩子一起游玩时，感到环境与我所背的古文相符合时，就会凌乱地背上一两句，在孩子面前感慨一番，孩子开始慢慢地感受古汉语的绝妙，喜欢起古文了。（哈哈，这是从我老爸手里学来的，我对古汉语的兴趣就是被他这样培养起来的，之后才有我前面所说的对古汉语感兴趣的行为。）

这项工作严格来说，不是等到孩子上中学时才开始，而是在她上小学时已经开始了。到上中学时，我开始偏重长一些的古文对她进行引导，这时孩子已有能力自学一些她感兴趣的古文了。

下面是我女儿在小学时仿写的古文日记，当时她刚学过《守株待兔》和《刻舟求剑》的课文，便模仿课文的样子写了这篇日记《笑》：

吾家有鼠，遂购猫，猫走捕鼠，触门昏厥，鼠大笑，曰："猫蠢若此！世间少见！"弃逃守门，冀猫触门折颈而亡。

猫鼠若此，不亦惑乎？余大笑。

可惜的是，孩子仿《桃花源记》写的《游龙庆峡》日记，当时我忘记录入电脑了，现在它随着日记本子遗失了，这让我很痛心……

🗨 交 流 台

烟雨红楼：

你女儿的古文还是挺有意思的。

我也喜欢古文，当周围很多人觉得古文很难的时候，我已经能读文言小说了。不得不说，这都得益于小时候父亲对我的熏陶和引导。

磊磊妈：

没想到我的方法跟猫妈的一样。我家也是喜欢在孩子出去的时候，在情境中让孩子感受古文和诗歌的魅力，儿子很喜欢。

如何提高**孩子的数学成绩**

　　家长一定要从心底认定，自己孩子数学不好只是一个暂时情况，将来他/她的数学一定会好起来。在家长这种坚定的支持与认可下，孩子才有可能主动改变自己学习数学时的状态，为她学好数学打下一个心理基础。

　　有一位妈妈给我发信息说，自己的孩子语文成绩很好，而数学成绩不理想，自己又为不知怎么解决而苦恼：

　　淘猫妈，我有一个9岁的女儿，今年上小学二年级。她聪明伶俐，语文每次都是全班第一名，可就是数学成绩不好。为此我很苦恼。请您帮帮我！

　　这种情况在低年龄段孩子里非常常见，作为父母也不必过分紧张！孩子年龄越小，感性思维越多，逻辑思维越少。出现这种情况很正常。随着她自身的生长发育，这一问题会越来越少。

　　首先要做的是，了解自己孩子用什么方法学习语文，语文学习中的感性思维多于数学，然后从中发现她的学习特点，并帮她把这种适合自己的学习方法转到数学学习上来。同时要保护她在数学学习方面的自信心，这样经过一段时间，她就会在数学方面找回自信。

　　万不可进行不同科目之间的比较，也不能同别的孩子进行比较，更不要打击孩子学习数学的自信心，否则会适得其反。

　　另外，父母自己的知识结构也会对孩子的教育产生潜移默化的影响。如果家长在日常生活中就是一个善于运用数理逻辑知识的人，与孩子的交往中常常运用这方面的知识，孩子就会从中不断地接受教育，反之，孩子自然也就不会对这方面的知识有感觉。

我的一位朋友带她儿子的经验很值得借鉴：

她的孩子在读幼儿园中班时，已上小学一年级的孩子的家长朋友就告诉她，一年级上学期数学的难点是"数的分解"。为了帮助孩子平安攻克这一学习难点，我这位朋友在她的孩子上大班时，便有意识地在生活中加入这方面的内容，使孩子在生活中就有比较多的训练。

她的孩子上了一年级后，刚开学的家长会上，数学老师说数学课的教学难点还有"认时间"。我这位朋友又开始把认识钟的活动纳入他们的生活中。每天她提醒孩子做事时，都不会忘记教孩子认识钟表，或是常常在生活中请孩子帮助她回答时间问题。一个学期下来，结果是，这两个普遍被老师和家长认为是难点和重点的问题，我这位朋友的孩子一点问题也没有（她的孩子可是5岁零5个月时读的一年级）。

上学期期末的家长会上，数学老师又预告了下学期的难点："钱的兑换"。于是在日常生活中，每次到超市买东西，这位朋友都让孩子看价格表，请他帮忙算账。结果当这位朋友的另一位广州的朋友告诉她，自己家同样读一年级的孩子在"元、角、分"的换算上很吃力的时候，这位母亲考了考还没有学到这一内容的儿子，结果完全没有问题！

这个案例，真实地告诉我们，想让孩子学习好，不是一天到晚眼睛只盯在孩子那点儿功课上，更要有前瞻性，把未来课程教学的知识点、重点、难点自然地转换为生活中的问题，并与兴趣结合起来。对孩子的教育要寓于日常生活的点点滴滴，而不只局限于书桌前、作业间，要做到不放过任何一个增长孩子知识、锻炼孩子能力的机会，有趣味地、不露痕迹地让孩子在不知不觉中得到学习与提高。

我建议这位向我提问的妈妈，如果想帮助自己的孩子把数学学好，不妨从日常生活中开始，有意识地对孩子进行数学方面的引导。

不要一味地让她进行知识点的练习，那样孩子就会因为枯燥而更讨厌数学，从而失去了对数学的兴趣，以及在数学方面的自信心。

如果家长在孩子上二年级时就认定自己的孩子数学不好，这个孩子可能真的会变得数学不好！面对这样的情况不要给孩子下定论，而是帮她找出一个适合她学习数学的方法。

当前最重要的事是：家长一定要从心底认定，自己的孩子数学不好，只是一个暂时情况，将来他／她的数学一定会好起来。在家长这种坚定的支持与认可下，孩子才有可能主动改变自己学习数学时的状态，为他／她学好数学打下心理基础。

交流台

清木：

惊出一身冷汗！猫妈最后那两段说的情况跟我小时候的情况怎么那么相似。小学一二年级时，数学成绩没考过满分，但是98分、99分还是经常有的。后来四年级的时候，有次数学考了不及格，那时候我爸妈就说我数学不好，说我脑子反应慢，后来我也觉得自己真的数学不好，虽然偶尔也有考满分的时候，但是我一直认为自己数学不好，也就再也没学好过，一直到高考，到现在。

这种问题以后绝对不能在我孩子的身上发生！

网友：

看了猫妈这篇文章，我也深有感触。学习有时真的不需要那种死板的方式。我的孩子虽然才4岁，还没有真正地开始系统的学习，但她识字、算数都是我和她在做游戏或者日常生活中学到的。2岁多时，10以内的加减法她都会了；3岁多时，她已会认时间了。例如我每天早晨7点叫她起床，当闹钟响的时候，我就告诉她现在是7点了，该起床了。很多知识（加减法、认时间、识字等）其实都是在生活的不经意间，她一点点学会的……

message 8

当孩子不写作业时

孩子年龄幼小，自我控制能力不强，当他们想偷懒或者多玩一会儿时，作业就成了他们"抛弃"的首要选择。父母们明白作业对学习的重要。然而，如何在不伤害孩子的情况下，让孩子完成作业呢？父母到底该怎么做才好？

我家孩子上小学三年级前总是不按时完成作业，我用了许多办法都没效果，而孩子的学习成绩越来越差。

一天与老公商量好，把孩子叫到身边，平静地问孩子将来想过什么样的生活："是过爷爷、奶奶一样的生活，还是公公、阿婆一样的生活，或是过爸爸、妈妈一样的生活，当然也可以选择过舅舅、舅妈、大伯、大妈以及别人一样的生活。"她说愿意过公公、阿婆那样的生活。我们问她为什么，孩子说公公、阿婆都是著名大学里的名教授，现在虽然年纪大了，可生活过得非常好；爸爸、妈妈虽然都是公司里的白领，生活也挺好，但工作特别忙没时间玩；别样的生活她没想过。

我又问孩子："你有什么本领能过上公公、阿婆那样的生活呢？"孩子左思右想，最后认为她连父母这样的生活也过不上了。可她认为自己不会因此去当乞丐，便问我："不写作业就不能过好的生活吗？我不信！"我说："当然不是，靠自己的劳动就可以过上好的生活，你不想写作业，只要努力劳动也可以过上好的生活。但那是一种纯体力劳动，比如家里的小霞阿姨不就跟你一样，也是小学三年级嘛，可她现在生活得也还不错呀！"

　　孩子知道这个答案后，感到很高兴，说只要自己努力，不写作业也可以养活自己。这时我便提出，第二天她可以不去上学了，作业当然也可以不做。只是每个人都得自己养活自己，她也不例外，她需要选择如何养活自己。最后孩子选择用在家里干家务的方式养活自己。

　　第二天我真的没让孩子去上学，而是让她在家打扫卫生、擦炉灶、擦窗户等。开始孩子干得还很高兴，越到后来越不想干了，她感到这种活又脏又累，在她想放松或不想干时，我就说，千万别停下来，不干这些就要去上学，上学太苦了，还得写作业，真的很烦人。当孩子改变主意，说还是想去上学时，我就用各种理由阻拦，使她无法达到去上学的目的。

　　那天早上，在别的孩子上学的时候，我却领着自己的孩子出门买菜，回来时让孩子拎着买的菜。遇到邻居们问，我并不掩盖孩子的这种情况，很坦然地告诉邻居们女儿在家的原因。结果是孩子自己觉得不上学很不好意思，我却跟没事人一样，这种处境更加重了孩子的痛苦。她只想躲在家里干活，不愿出去买菜，结果是全家只吃白饭，没有菜吃，孩子又受不了了，只好再跟着我去买菜……就这样孩子想上学我不让去的情况出现过三四次之后，女儿终于不干了，她拿起书包对我连哭带叫地说："我就是要上学去！"

　　这时我开始跟孩子讲起上学的条件，必须按要求写作业、必须改作业中的错……当孩子自己答应后，我又追问：如果再出现上述问题你该怎样办？最后孩子决定如果上学后出现不写作业等问题就在家里再多劳动一周，并以此类推。

　　孩子又上学了，虽然我花了近两周的时间，但孩子写作业的问题却真的解决了。

　　其实，这件事让我们看到的最重要的一点就是选择。上学在孩子看来是家长的选择而非孩子自己的选择。在孩子接受了家长选择的同时，家长在孩子做得不好时，还会时时教育孩子，这让孩子感到很委屈，感到自己不仅要接受家长的选择，还要接受家长对自己的监督，这些都让孩子受不了。我采用的办法是，给一个机会让孩子自己体验，通过切身的感受再进行选择。孩子自己选择，就会为这样的选择负责任，事情也就变得简单了许多。

我并不是一开始就想明白这个问题，也是用说教命令的办法教育孩子。可结果一直很不理想，在一味地说教打骂没有结果时，我感到自己必须停止这种教育方式，重新找一条路，我放慢自己的脚步，不急于在学习上有什么结果与进展，而是回过头来，让孩子在生活中感受，让孩子在亲身劳动中感受各种选择的相同与不同之处。当我感到孩子的感受并不很深刻、很确定的时候，我就阻止她改变主意，直到孩子明确地知道：这是我的选择，我会为自己的选择负责任，我不会再改变！这时我才会与她谈论选择后她需要面对什么，为什么负责任的问题。从后来的结果看，停下脚步让生活直接教育孩子比我的说教管用得多。

从这个过程中，我自己也明白了：我的选择是我的，孩子的选择是孩子的，只有当孩子有感受时，她的选择才可能与我的选择趋同。没有生活教育的前提，一味地说教其效果等于零。孩子屈从于家长的压力达到一定程度后就会产生反作用。孩子小的时候，家长没有教会孩子如何体验、如何选择。等孩子大了，一方面他们不愿再接受家长的选择，可让他们自己选择，又不会，这时大家就会感到选择是一个大问题，家长会为孩子不会选择而发愁。既然让孩子自己选择是他们成长后必然面对的问题，不如早点开始练习，让孩子学会自己面对生活，面对选择，为自己的选择承担责任，这时就算选择错了，也有时间改正，总好过孩子长大不会选择、天天躺在父母身上！

交流台

爱澜：

呵呵，让我想起咱家也上演过这样的故事，而且还蛮精彩的啦。我儿子一年级时吵着不上学，早上一起来就吵着要零食或别的，不高兴，不答应，就说不上学啦。当妈的可不含糊，不上就不上，我还不想让你上啦，一年一万多块省下来多好，不想上，马上可以转学到附近小学，又便宜又省事，当天早上就把校车叫停了，他今天不上学啦。儿子一听我来真的啦，我挎上包去上班，他在家想做什么做什么，儿子当时就傻了，挡在门口哭，死活不让我下楼。我不理他，一直被他拖到楼下，他哭得稀里哗啦的，最后自己要求上去拿书包，我坐车还是把他送到学校。

后来不好好写作业，我又整了他一回，把他送到农村奶奶家去啦，我趁他不注意时走了。他在家里哭死哭活的，最后还是被他爷爷送到蛮远的一个小学校去上了三天学，因为学校要期中考试，老师要他回来考试，后来他伯父回去才把他接回来。

回来后，我让他自己选择上哪所学校，家门口的学校还是现在的学校，他说要好好上现在的学校。

孩子现在再也不提不上学的话啦，也知道好好写作业了。

淘猫妈：

我想你的孩子一定是一个比较乖的孩子，因为在你所说的那部分内容里有让孩子感到不安全的部分，比如："我挎上包去上班，他在家想做什么做什么……""我趁他不注意时走了……"这些都会让孩子产生被母亲抛弃的不安全感。在这个部分起作用的时候孩子因为恐惧而变得特别听话，但这背后也会给孩子的性格带来一定的影响。

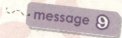

孩子报班的困惑

　　每个父母都希望孩子在小时候能多学习一些知识，长大以后过上幸福、安稳的生活，即使为此背负给孩子一个"辛苦"童年的名声，也要为孩子报各种特长班、学习班。然而父母却没有想到，报班也有"没了自信"的后遗症。

　　说实在的，现在的孩子比我们那一代真是辛苦多了，从上幼儿园开始，就要报这个特长班、那个艺术班。有许多家长为了这事，不知道怎么处理，跑来向我询问：

　　淘猫妈，这几天我好烦恼！我的孩子还不到5周岁，我给她报了舞蹈班，她是班里年龄最小的一个。也许年龄小的缘故，有时候不能理解老师的话，学得很吃力，动作也不到位，但我的孩子真的在努力。可是在课堂上，我的孩子几乎从来没有得到过老师一句表扬甚至鼓励的话，总是在训斥，现在我看老师也不太注意她了，动作做得不对，老师也装没看见。这让我感到很窝火，只好给孩子退班了。孩子似乎很沮丧，我想再给她报绘画班，可孩子说："妈妈，我总是跟不上。"这句话让我几乎掉泪。我急于让孩子早日学习，没想到却伤了孩子的自尊心。淘猫妈，您说我该怎么办呢？

　　淘猫妈，其实让孩子参加舞蹈班，我也只是想让孩子从小接受一些艺术的熏陶，提高孩子的文化素养。而且孩子原来也特别喜欢模仿影视剧中的动作，我当然没有想到让她将来成为一名舞蹈演员。也许我给孩子报错了班，但是孩子的自尊心受到伤害，我想我还需要花很多时间来弥补我的过错。话说回来，难道老师没有一点责任吗？

　　我得知这位家长的烦恼时，也感到心里酸酸的。同为母亲，我对她所说的事也是感同身受。不过，我还是要问：我们让孩子学这些课程的目的到底是什么？孩子学习的过程中，最初锁定的目标是不是改变过？只有把这些问题都搞清楚，我们才会有一个更为清晰的答案！

　　老师当然有问题。但我认为这不只是老师自身的问题，更多的是我们的教育体制的问题。在基础教育中，所有这些教育都应建立在"基础"二字上，可是我们现在的基础教育体制，还是建立在前苏联那种学科体制上。这样一来，我们的孩子不论学什么都是从最专业的角度出发，它更多的是考虑孩子所学的专业性问题，而非孩子的学习兴趣问题。

　　我不认为家长为孩子报错了班，问题首先出在大部分家长给孩子报班前与报班后的目的产生了变化。其次是孩子的自信心出了问题，这一问题也不只是老师的错误，家长同样也有问题，要知道保护孩子的自信心不只老师有责任，家长同样也应为此负责。孩子与老师接触的时间、机会都很有限，在孩子这个年龄段，家长与孩子接触的机会占绝对优势，因此家长有足够条件为孩子的自信心提供保护！

　　这里我们不讨论老师的问题，这一内容跟中国的教育体制有很大关系，不是某个人说变就能变的。我们只讨论家长应该怎么做的问题，我们虽然不能改变老师，但我们可以先改变我们自己。因此我以为谈谈家长应该如何做，对孩子的教育会更有效。

　　我们先来分析一下这位家长给孩子报班的目的：让孩子接受一些艺术的熏陶，提高孩子的文化素养。如果真是如此，家长朋友大可不必让孩子上什么舞蹈班，许多有很高文化素养、艺术修为之人，自己并不是什么音乐家，也不是什么舞蹈高手，他们大多只是对艺术有很强的鉴赏能力罢了。

85

鉴赏能力并不一定来源于掌握一种舞蹈或是一种乐器，而是来源于自己对肢体对声音的感悟能力。真的要想让孩子"接受一些艺术的熏陶，提高孩子的文化素养"，或说让孩子具有对舞蹈的鉴赏力，首先不是让孩子学跳舞，而是让孩子多看舞蹈，不仅要看，还要讨论，帮助孩子对"舞蹈"中的肢体动作有一个基本的认知，当她对舞蹈有了最基本的认知之后，自己有一种按捺不住的冲动想要用自己的肢体去表达这种冲动时，才走到让孩子自己学跳舞的起点上。

只有这点远不能让孩子开始舞蹈学习，还要让孩子知道学舞蹈会遇到巨大的困难，如会被老师说、会练功、会腿痛等等，并告诉孩子因为以上那些原因，所以妈妈不舍得让孩子学舞蹈，在家长阻止孩子学舞蹈的同时，还可以继续让孩子欣赏舞蹈、感受舞蹈，使其不断地受舞蹈的吸引与诱惑。经过几次这样的过程，家长确定孩子没有改变自己的选择，还坚定地要求学习舞蹈，并敢于承担面临的痛苦与困难时，才能开始孩子学习舞蹈的课程。这样不论老师说什么，孩子心理都已有一定的准备，为了她自己喜欢的事去学习，去吃苦，是孩子愿意做的，也是他们能够做的。

此外，孩子学习舞蹈的过程中，老师的鼓励、表扬、认可当然是重要的，但更为重要的是家长对自己孩子的欣赏。这时家长要做的不是帮助孩子纠错，而是欣赏，欣赏孩子的认真，欣赏孩子的付出，欣赏孩子的选择等等，欣赏孩子的一切，而不是为孩子抱不平，认为老师这做得不对、那做得不好，认为老师伤害了我的孩子等等，这样做会让孩子感到内心更加委屈，同时也更会把自己的眼光放在老师身上，以求得老师对自己孩子的认可，这便走入恶性循环之中，孩子的自信心便在这种恶性循环中丧失殆尽了。

我认为家长自己没有准备好，急于求成，或是看不清自己的目的与方向时，牺牲的往往是孩子。让孩子开始学习之前家长该做好充分的心理准备，进行清楚的目标选择，明确要做事情的目的，确定去做之前给孩子做好心理铺垫。只有这样，孩子在学习过程中受到的伤害才会少些。家长让孩子上这样或那样的课后班时，一定要想明白自己让孩子学这些班的目的是什么！这样才能明白自己现在该做什么！

交流台

王湖：

我的孩子4岁了，今年上了小班。昨天老师们要求报名，一个主持人班，一个舞蹈班。我问孩子想学什么，他说，想学少林寺。所以，我也是特别担心，如果因为做得不好或者不配合，伤了孩子学习的自信心，可怎么办？我的孩子在学习配合方面，很"个性"。比如，我老是带他去游泳。我希望他比别的孩子在这方面能强，让他会有自信一些，可别人只要比他游得好，他就不去游了，尽管他很想游。

淘猫妈：

看到你写的这些，我确实感到有些内容属于家长的无奈，面对老师推荐的班，有时确有不上就是不配合之感，但我相信家长会有一个最适合孩子的选择。当你说你的孩子看到别的孩子比他游得好时就不去了，我认为这个很自然，每个人都希望自己比别人强，如果发现自己总是比别人弱时，谁又会开心呢？面对你儿子这个问题我以为很好解决，不比就好了，或是他想跟谁比就跟谁比，把主动权交给他，我想他一定会有自己愿意比较的对象！

message 10

怎样跟孩子谈论试卷更有效

家有上学"小儿郎"，一天总要慌几慌。他考试成绩下降了，父母焦急，找不到出错的地方，父母还要着急。几乎每一位父母都会碰到这样的情况：问孩子哪里错了，孩子就用"马虎了"、"没认真"或者"没理解题意"来搪塞。等到下次时，还是会在同样的问题上犯错误。其实，这是因为父母没有找到更有效地跟孩子谈论问题的方法。

期中考试结束，各科成绩出来了，孩子把那些考得不怎么样的卷子也平静地交到我手中等着签字，还很得意地说：我在这方面从不弄虚作假！是呀，自从孩子上学以来，我没有在成绩这个问题上为难过她，这也说明，我没为此为难过自己。这么做不是我对孩子考试成绩不重视。因为成绩已是事实，说什么都没用，还不如花时间说点儿有用的——分析卷子。

孩子刚上小学一年级时，我面对孩子的试卷总会有这样的对话内容：你的卷子错在哪里了？她会说，我马虎了！有时她也会说，我没认真。时间长了，我感到很奇怪，便继续问她：什么是马虎呀？孩子答：就是不认真。我追问：什么是不认真？小家伙左扭右扭地，最后憋出一句：不知道！老师总这样说那些出了错的同学，说大家不认真或是太马虎。

我知道孩子这样回答其实是接受了来自成人的标签，这种贴标签式的教育不会解决问题。现在的教育方式已有许多改变，很多刚上学的孩子，都存在感觉统合问题。我家孩子又是早产儿，这方面的问题就会更多、更严重。她不是不认真，也不是什么马虎，而是因为两个眼球运动的协调性与手上小肌肉的精细运动上的配合有一定的问题，所以才常常出现把56抄成65，把上一行的加号抄成减号的所谓"低级问题"。

我不需要孩子这样回答，每每出现这样的问题后，我不再追问那些所谓的成人式的评价答案，而是耐心地一遍又一遍地指着出问题的地方，让她慢慢看，直到孩子自己发现错误为止。此外，我还特别加强了孩子在感统方面的训练，结果孩子这个问题解决了，再也没有随便给自己贴"马虎"标签的习惯了。自己原以为这个问题被我解决了，自己心里也很是自得了一段时期。

不知道过了多久，好像是孩子上到四年级时，我发现她对卷子里的错题有了一种新的模式化行为，只要我问她："看看这道题为什么错了？"孩子总会说："没有理解题意。"仔细想想，这样的回答其实已存在好长一段时间了，由于我的忽视，发现时这已成为孩子回答此类问题的习惯。

这个模式型回答与前面孩子一年级时出现的"马虎"、"不认真"属于同类问题。差别在于，这次的问题出在我与老师的身上，孩子回答了"没有理解题意"，就好像找到了问题的最终答案似的。我与老师都不曾再向下寻找，只停留在这个地方，然后便对孩子说："以后可以多读几遍题，把题目读懂后再下笔，别忙手忙脚地急着写，没有理解题意就答题，哪有不出错的！"这一套路走完，好像问题也就处理完了，下次再出问题时，我们会再与孩子一起走完这套程序。每走完一遍，无论家长还是老师都认为孩子已找到问题的症结，都欢天喜地认为问题解决了。殊不知，孩子真正的问题根本没找到，她采用给自己贴标签的办法，满足家长与老师对此事的内心评价，使成人们不再在这个问题上穷追猛打，而是到此止步。可以说孩子通过这一模式有效地阻止了成人对她的进攻，有效地保护了自己。这一回答对孩子解决错题一点实质性的帮助也没有。

我自己也是在这种行为方式下成长起来的。现在我当上家长了，看到孩子出错时，第一个习惯就是为其提炼出问题的原因。这种提炼具有很强的逻辑性与概括性，十分准确，对孩子改错没用，对满足家长的心理，以证明自己是一个好家长却有效。

要知道孩子的提炼能力达不到这个高度，况且提炼说话高度不是家长与孩子一起分析卷子的目的，我们要做的是帮助孩子改错，而非提炼标签。如果在帮孩子发现错误之前，总要先给孩子贴个标签，自己心里才满足，时间长了孩子自然而然地接受了这种行为方式。认为只要达到认识高度，问题就找到了，就解决了。结果是孩子真正的问题，反而成为漏网之鱼！

想明白这一切，也就找到了孩子出问题的原因，我开始改变回应孩子的方式，对她说："如果过去你这样做算是找到问题的所在，那么，现在妈妈想改变一下，我想请你具体到每一道题，找出每一步的对错与问题。请你去找一下，哪句话想引你步入歧途？你没有上当，结果题目做正确了。而哪一句你没有认清，结果上当了，步入了现在这条歧途？在这次上当的过程中，哪个问题起了关键作用？并请你把这些分析记录下来。"

此后几天，孩子一直用新方法改卷子，改错的过程很慢……要想改掉孩子这种自己给自己贴标签的行为，"短、平、快"确定办不到，只有这样慢慢地找，不满足于那些高浓度的标签，才能更有效地面对孩子的试卷。

🗨 交流台

快乐宝贝：

看了你的文章真是受益匪浅。我家小儿今年三年级，学习上也经常出现你文中所说的情况。一个很简单的字，明明会写可他就是今天不错明天错，他自己事后就说是不细心、马虎。这应该就是你说的"提炼标签式语言"吧！

特别是在数字上面，这种情况更为明显。眼睛里看的和嘴里说的都是95，但到他写在本子上时就变成59或9了。我的感觉是他的眼、口、手的协调能力不是很好的。

我看到你在文中提到你的孩子也有这种毛病，请问你是用什么方法帮助你的孩子改掉了这个坏习惯的？

淘猫妈：

快乐宝贝朋友，如果想要改掉这个毛病，要经过专门的感统训练。如果你的孩子已达到或接近10岁，这样的训练对他就没有什么用了，或说要有用就要有更大强度的训练才成。可孩子现在已上学，应该没有大量的空闲时间供他进行这种训练。

如果你想通过自己的努力为孩子改善一下这种情况，我想可以通过一些游戏，过去的土游戏里抓拐、投锅儿等对这个问题都很有好处，不过与孩子玩儿时可一定要注意安全。这些游戏都存在要达到一定的量以及要坚持的问题。

如果这些都不成，我想你也大可不必担心，这种问题，一般会在孩子16～18岁自然消失，不是真的没有，而是这些问题对那个年龄段以上的人员影响已很不明显，或基本上不会产生影响了。家长现在做的只是保护孩子的心理，孩子有这个问题，他们自己内心也知道，出了错误也会很自责，如果家长与老师再去指责他，我想孩子受的内伤会更多。这时家长要做的不是穷追猛打地帮孩子找错，更多的是理解他、保护他，相信孩子大了这个问题就会好起来，以此来保护孩子的心理，这比改掉这个问题重要得多。

从倒数第一名到第六名

"让孩子感受到，无论在什么情况下妈妈对她的爱都胜过所有的一切！"这才是我要向女儿表达的内容。孩子自己的内心感受则是我要与她交流的部分，这就调动了女儿学习的主动性，使她看到自己学习的希望。

有一次与几位朋友相聚聊天回家很晚，刚刚坐在电脑前，孩子就拿着卷子走到我的面前，我知道这是我每天的功课——为孩子的考卷签字。孩子从上学以来，除了三年级以前那段时光外，就英语有过比较骄人的成绩，其他学科成绩都会在倒数十名里。上初中后更是每每都是全班倒数第一。由于我对孩子的情况比较了解，成绩一直不是我对孩子施压的重点，每次给孩子签字都不是什么困难之事，孩子也从不在成绩上撒谎骗我，但心里早有了一个固定模式，我不会看到什么让人意外的好成绩。

我瞄了一眼孩子手里的卷子，那是一张数学卷子，便知道成绩好不了，一定又是全班最后一名。我在内心安慰着自己，也调整好了自己的心理接受度。平静地打开卷子，孩子一言不发站在身边看着我，卷子很长，我翻错了，没有找到那该死的写着成绩的地方，孩子插手帮我找到首页成绩栏……

我的眼睛有点儿花，上面写着红红的90分，我没有表态，但深深感到自己的大脑出了问题，是不是刚才与朋友相聚喝了点酒，连数字都认不清了？我死死地又盯着那成绩看，是的，是90分。这时我想起一个参照物，按孩子学校老师的习惯，除了成绩外，一定会在卷子上留下第二个数字，那是一个写在圆圈里的数字——表明这成绩在班上的排名。

带圆圈的数字写在这张卷子的左上角，不知是自己心情太不平静，还是自己的心里就没有想过孩子会考出这样的成绩；或是说，我也认为这成绩是真的，但一定是这张卷子的题出毛病了，全班应该都是这样的成绩；也可能是老师的数字写得太草了，我根本看不出圆里写的那个数是"6"还是"36"，但在心里，我想应该是"36"才对。如果真是"36"已是不小的飞跃了，她的数学成绩大多是第"45"名，他们班只有45名学生，偶尔会出现一两次"42"名的情况，得39名的情况只有一次。

心里想着这个结果，但还是有点怀疑，便把冲到口边想表扬孩子进步的话语停了下来，假装看着卷子写着成绩的那边问道："90分成绩不错，这次第几名？"孩子仔细地看着我的脸说："第六名"。这句话让我的脑子"嗡嗡"直响，眼睛快速地转到那个带红圈的数字上，不错，明明写着就是一个清清楚楚的"6"。孩子这次的数学成绩考了全班第六名。内心高兴之余，也暗暗地感到一阵余悸，为自己没有冲口而出"祝贺你考了全班第36名"而庆幸。一旦错说这句话，就等于告诉孩子，在妈妈的心里，你最高也就是个30多名。

余悸之后，狂喜充满了我的头脑与全身，真是太好了，一定要好好为孩子庆祝一下，让孩子高兴高兴。当按捺不住的兴奋情绪就要泛起之时，头脑里残留的一点点理智告诉我，还是不能脱口而出。我动作平静地翻动着卷子，眼睛紧紧盯着上面一个个对勾，头脑却在飞快地思索，应该如何对孩子说这件事，这张第六名的数学卷子，现在成为了我必须答的一张考卷。这张考卷的题目就是：我的回答到底要达到什么目的？想让孩子感受到些什么？如何让孩子保持下去？从这件事上能让孩子看到什么样的契机？

突然，我再一次为自己的冷静感到庆幸，因为当自己回答前面那几个问题时，一个清晰的答案浮出水面：无论孩子考出高分还是低分，她都是我的孩子，我爱的是她，而不是她所考出来的高分。既然这样，她考试成绩不好时，我没有批评她，她考出这样的好成绩来，我也就不用表扬她。否则，就是在向孩子传递一个错误的信息：妈妈其实就是爱分，考不好时妈妈虽然没说，但这次考好了，看妈妈多高兴。一旦把这个信息传给孩子，她为了博得妈妈的高兴与爱，有可能会在成绩上做手脚，我已让孩子做到考得再差也不会在成绩上为自己做手脚，如果因为她一次意外的考好进行了错误的表达，使孩子感受到好成绩带来的诱惑，动了在成绩上做手脚的念头儿，将使得前面所有的家庭教育都前功尽弃。

　　"让孩子感受到，无论在什么情况下妈妈对她的爱都胜过所有的一切！"这才是我要向女儿表达的内容。孩子自己的内心感受则是我要与她交流的部分，这就调动了女儿学习的主动性，使她看到自己学习的希望。

　　就这样一个问题一个问题仔细地想着，手也没有停下来，一页一页翻动着卷子，足足用了十几分钟的时间，我才慢慢地抬起头平静地看着孩子的眼睛说："90分，考得不错。第六名，也很不错。不过妈妈更想知道，你自己对这个成绩满意吗？""不满意，我原本可以得第三名的。"孩子兴奋地说。

　　"为什么？"

　　"因为那道被扣了10分的题，我错得很冤。前天晚上我与爸爸讨论过一道跟这道很接近的题，只是这题比前天晚上那道题少一个条件。我对那道题印象太深了，结果自己为这道题加上了我心中有的条件，题就这样做错了。"

　　"你认为自己错在哪儿了？"

　　"我把脑子里想到的条件拿来用了，其实它并不存在，这是读题的问题。"

"好，你打算怎么解决这个问题？"

"下回，我会把题中给出的条件划出来提醒自己。"

"不错，下回用这个新方法试试吧。"

"还有别的事吗？"我把签好字的卷子交到孩子手上，见她还没有离开的意思，便平静地问她。女儿站在那里没有说话，只是平静地看着我。我转身面对电脑，开始了自己的工作。过了一会儿，我感到她有一点失望地想走开时，身体并没有转动，只是轻轻地说了一句："你有些失望吧？"孩子停了下来，"嗯"了一声。

"有点儿伤心了，是吧？"

孩子没吭声。

"为什么？"

"是不是因为你没有得到自己想象中妈妈的表扬？"我一边说，一边转过身体。我看着孩子，很正式地接着说："是不是因为妈妈没有给你奖励？是不是……"我还没有说完，女儿笑了，笑得很甜，快活地说："是的，妈妈你怎么知道？""我当然知道，因为我有过你这样的经历。"

"我想问你，平时妈妈总是说成绩跟谁有关系？"

"跟我自己有关系。"

"是的，无论成绩好坏，都跟我没关系，只跟你自己有关。如果你自己感到高兴，妈妈也高兴。如果你自己不高兴，当然妈妈也跟你一起难过。因为妈妈爱你，不爱你的分。无论成绩好坏，在我面前都一样。"

孩子点点头说："明白了。对了，我们班的数学老师也没有因为这次我考好了表扬我，也是这个原因吧，那是我自己的事。"

"我猜应该是这样。"

……

孩子到底是孩子，她假装平静那么长时间，再也装不下去了，开始把一米六八的大身子靠在我身边，一个劲儿地在那儿跟我讲着发卷子时其他同学看到她卷子时的反应，那兴奋劲儿真是无法用语言来表达！这时的我也高兴地听着，尽情地让孩子感染着我……当她把一切想说的话都说完后，我高兴地看着她问："你以前有过这么高兴的感受吗？这种高兴是别人可以给你的吗？"女儿兴奋地说："从来没有过。""你还想再有这样的感受吗？""想！""好，妈妈相信你一定能为自己不断地赢得更多这样的感受！"说完，我给了孩子一个大大的拥抱，便让她洗洗睡觉了。

我想自己通过了这次考试，面对一向学习成绩很差的孩子突然得到的好成绩，我没有失去理智，没有脱口而出，没有想当然……嘿嘿，就是一句话，没有被"考糊"！我跟孩子一样，在这张考卷上得到一个大大的"90分"，得到一个红红的第六名！

🗣 交流台

网友：

轻松的妈妈定会培育出轻松的孩子。轻松健康的心理是孩子一生的财富。

淘猫妈：

孩子是很直觉的动物，也很敏感，他们能感受到我们的一切。当我们不能真正处理好自己的心理时，他们是可以感受到的。只有我们真正对孩子考出来的分数问题有了处理，那时我们才能让孩子感到家长传给他们的信息是积极的，否则我们再怎么表扬，传给孩子的也只是压力。

Part 3

好品格，
父母的言传身教最有效

教育应该以"品格教育"为中心。作为父母，我们更应该注重这方面的培养与教育，让孩子身体、心理、智力各方面得到全面健康的成长。

message 1

用爱温暖被边缘化的孩子

我对他说："林林，请记住，你背后永远有一双眼睛关注着你，那就是我的眼睛，当你想用肢体语言'说话'时，老师就会知道的！"林林肯定地告诉我，他不会让我失望！

训练营开营的第三天，我来到营里，马上就被一位老师拉到一边，他说："淘猫妈，我的小队里有一个孩子有'问题'。"我问他为什么这样说，他告诉我，这个孩子总是跟别的营员发生冲突，进营没几天，骂人打架这种事全有了，而且这种事每天都发生好几次！

我与这位辅导员老师还没说完，别的老师也走了过来，你一言我一语地说开了，主要也是谈论这个问题。

我很能理解老师们的感受，这么大的营地，孩子又多，即使没有这样的孩子，老师也都很紧张，生怕出现一些问题不能向家长们交代，更别说营里有这样的孩子了。但好奇心使我很想见见这个孩子。

我让一位老师把这个孩子请到我的宿舍，而自己先回到二层的房间里。透过窗子我看到那位找孩子的老师在跟一个十一二岁的大个子男孩说着什么，他一直在逃避，不听老师讲话，老师没有别的办法，只好把他硬拉进了楼——我知道了，自己面对的将是这个孩子，我安静地等着他的到来。

男孩子与老师来到我的门前，这个孩子怎么都不肯进来，嘴里不停地说着："干吗？我不进去，你们干吗？"我从他的眼睛里看到他对老师的不信任与不友好。我笑着拍着他的肩膀说："我是淘猫妈，刚到营里，需要一些营员给我当助手，你们队的老师推荐你来当我的助手。"男孩子听了我说的话虽然有点迟疑，还是走进了房间。

当别人都走后，我们俩便聊了起来，我告诉他需要做的工作，他答应得很爽快，我也知道了他的名字叫林林。但在与他的交流过程中，我发现这个孩子说话有问题，吐字发声跟别人不太一样。从这一点上我突然明白，为什么这个孩子肢体语言会这么多，那是因为他的语言器官有些问题，这就自然地使这个孩子想减少语言的使用，更多地运用肢体语言。

在家里这样不会有什么问题，家人都明白他是怎么回事，也许家长并没有重视孩子这种交往方式，结果林林从小用惯了肢体语言，现在他长大了，开始与同伴们交往了，还是使用这种方式"说话"。但这种方式在他的同学与老师中行不通，他在大家的眼里便成为一个爱"打人"的"坏孩子"。上学的几年里，林林得到的总是老师的批评和被要求请家长。这些情况在后来与他家人的沟通中得到了证实！

自从林林当上了我的小助手后，他还是那样与别人"说话"，别人也还是那样讨厌他，他也照样用逃避或蔑视的眼光看着别人。但他每次见到我时却不一样，每晚他必会向我道晚安，平时见到我时总是会对我说一声："老师好！"他跟别的同学出现冲突时，我说他，他也总是会好好地站在那里听。这让我想到也许是我对他的信任使他感到与众不同。

几天过去了，林林并没有给我任何我要求他写的东西，每天我催他时，他总是用这样或那样的理由来应付。可我让他帮我做的事很简单，就是每天帮我记录一下营里的生活，如吃的什么，大家喜不喜欢，上午或下午的课他爱不爱听等等这种小事，而且没有字数的限制，一句话也可以，这对一个11岁的五年级学生而言应该是很轻松的，但他一直没能给我只言片语。他不负责的一面已开始在我面前展现出来了。

一天下午同学们准备外出搞活动，他突然一个人哭着跑回来了，我知道他一定又与别人发生了冲突，一问果然不错。我便利用这次机会与他第二次交谈："你认为你跟营里其他同学的关系好吗？"我得到的回答是否定的。"你知道原因吗？"他的回答是否定的。"你在学校与其他同学的关系好吗？"他的回答依然是否定的。从这些简短的谈话中我感到这个孩子在生活中有大麻烦，如果不赶快解决，一旦进入青春期，可能会有更多的问题产生。

开营的第六天，我给林林家打了一个电话，是林林的三姨接的，她告诉我，孩子从小口齿就不清，为此还接受过手术，手术后其发音已好多了，但还是有一定的问题。谈到对孩子的关爱时，林林的三姨开始说，孩子的父母很关心孩子，从小就请了保姆来照顾，可以说从小到大生活上一直照顾得很到位，不论孩子有什么要求，只要他提出来就能得到满足。

当我问到孩子与父母的情感交流时，林林的三姨哭了，她说孩子与他的父母之间确实缺乏这种交流，不过他们也开始感到这是一个问题，所以也开始问孩子一些学校里的事，但孩子却不愿跟他们谈这些。

听到这一切，我开始有点激动了。林林的情感被物质之爱取代了那么多年，他早已习惯了被家人与环境忽视。现在大人们发现自己错了，开始改变11年来已养成的习惯，可当发现孩子不能接受时，却反过头来说孩子，说孩子不愿跟自己说心里话！这是怎样的家长呀！这一切让我落泪。林林的要求不高，只是一点点关爱，我是一个外人，只因对他的看法与众不同，他便全身心地对我产生了依恋，他的心就像一片干涸的沙漠，渴求的仅仅是一点点爱，当他遇到这种爱时，他的心便会贪婪地吸吮它，可以想象林林在家里是多么缺少这种"爱"呀！

与林林三姨的谈话中，我隐隐地感到这个家庭似乎存在着一些问题。但不论大人有什么问题，跟孩子之间的情感交流都是必不可少的，一个与父母没有情感交流的孩子还不如一个乞儿，钱绝不是解决一切问题的答案，对孩子来说更是如此。我想问我们这些家长，到底是如何使一个可爱的孩子变成了现在这个样子的？当我们想改变时，是不是应该花十倍百倍的努力去与孩子交往，而不是一味地认为所有的问题都出在孩子身上，我们这些当家长的是否能对孩子公平一些？

我知道林林的一些情况之后，感到其实他需要的并不多，只是别人对他的关爱，便对他说："淘猫妈就喜欢你这样的学生，那些听话的学生有太多的人喜欢了，所以我从来都喜欢与众不同的学生！"

从那以后，林林不论在哪里遇到我，总是围绕在我的身边说这说那，我也总是给他一个积极的回应。我发现他从尊重我变成了对我有某些情感上的依赖，这一小小的转变使我感到这个孩子是一个缺乏爱的孩子，你只要给他一点点爱，他都会对你产生情感上的依赖，从这些变化上我感到这个孩子在家里是被忽视的。

为了证明我的猜测，在每个人3分钟演讲时，我在没有给他任何暗示的情况下，在几位主动上来演讲的营员发言之后，突然以点名的方式请林林上台进行他的3分钟个人演讲。他听到我的点名后并没有站起来，先是把头扭向一旁不看我，后是把头深深地埋在自己的手里，趴在桌子上，身子就是不动，这一切早在我意料之中，要的是后面的内容：我请全班同学为林林鼓掌。其他孩子礼貌性地鼓了几下掌后，掌声稀疏下来。我看林林还没有动的意思，便一直没有停下自己的掌声，可能是我的鼓掌热情带动了全体学员的情绪，也可能是孩子们为我不断为一个他们特别不喜欢的同学鼓那么长时间的掌而感到好奇，大家都想看看自己掌声的效果，也许是这些孩子因为进入了精英训练营，已从几天不一般的课程中感到了自己身上的使命——不管因为什么，全班孩子的热情被调动起来了。我趁热打铁，对全班说："孩子们，用我们的掌声帮林林走上讲台，你们同意吗？"孩子们一边高声回应着"同意"，一边有节奏地鼓着掌，而且掌声一浪高过一浪。

林林从来没有感受过这样的关注与关爱，他终于坐不住了，缓缓地站了起来，慢慢向讲台走去，当他站在讲台上的那一刻，全班不约而同地停下了掌声，鸦雀无声。林林面对这种压力又开始逃避了，他扭捏地站在讲台上，用不知该放在哪里的手使劲揪着自己的耳朵，对全班小声说："我还没准备好呢。"我不能让已开始有改变的林林再退回去，再次把目光投向了全班的孩子们说："孩子们，我们能不能一直为林林鼓掌直到他准备好为止？"孩子们被他们掌声带来的神奇力量感动了，大声地回应着："能！"掌声在那一刻又响了起来，一直有节奏有激情地响着，有些孩子开始使用激将法，他们对着林林大声地喊着："林林，你能行！""你是最棒的！"这时，坐在后排的第一小队的辅导员应老师鼓着掌第一个站了起来，我在她行动的启发下，向全班挥动着胳膊，孩子们慢慢明白了我的用意，一个接一个地站了起来，最后全班都站在那里为林林鼓掌。突然有一个孩子大声地喊出了："林林，加油！林林，加油！"孩子们的掌声、加油声一直有激情、有节奏地响着，林林被眼前的一切感动了，他的眼神从逃避开始变得坚定了，大约在掌声中等待了10多分钟之后，他突然开口了。

全班又一次安静下来，集体整齐地落座，大家都在用心倾听林林的演讲。林林用他吐字不清的语言自信地说出了："我很棒，我喜欢我自己，我相信我能让大家跟我一起成为精英！"随后，他又对这3句话进行了一个短小的解释，演讲虽然没到3分钟，但他的演讲是自信的。也正是因为这种自信的感染，当他结束演讲时，全班再次爆发出经久的掌声，林林在这热烈的掌声中走下了讲台。

我被孩子们的行为打动，走上讲台问大家："你们觉得林林跟我们平常人讲话发音一样吗？"孩子们的回答是否定的，这时我的眼光扫向了林林，他已将自己的头深深地低下去了。我没有停下来，而是按照自己的想法问下去："你们知道为什么吗？"答案当然还是否定的。

这时，我把林林的舌头做过手术之事告诉了全班，我问他们："一个人的舌头有问题，发音跟别人不一样，他会特别爱说话，还是特别不爱说话？"

"当然是不爱说话！"

"可是我们都要跟别人交流，林林平时采用的交流方式，便是肢体语言，这也是他总是爱跟别人动手的原因。一个用肢体说话的人，会去倾听别人说话吗？不会，他只会去感受别人的肢体动作，这样一来，林林便成为我们大家最不喜欢的一个营员。我想请问，在这种情况下，一般谁会常被老师批评？"

孩子们大声地说："林林！"

"是啊，一个孩子已经11岁了，他使用肢体语言也近11年了，在他遭遇的环境中，他得到最少的是别人的理解与关爱，得到最多的是别人的嘲笑与批评，他的生活是什么样子的，孩子们你们想过吗？但今天，林林改变了，他突破了自己语言发音上的障碍，勇敢地站在了讲台上，他用行动证明，自己是一个可以用语言与别人交流的人。孩子们当你们今后听到林林他口齿不清的话语时，你们还会嘲笑他吗？当他偶尔又开始用肢体语言时，你们能原谅他吗？"

孩子们大声地给出了肯定的答案。

这时我的眼睛再次扫过了林林，他的头早已抬得高高的，刚才在台上的那一份自信又重新回到他的脸上。我对他说："林林，我想你一定已经感受到了，说话并没有那么可怕，我也相信你今后与别的同学交流时会选用语言，而不是肢体语言，因为语言为你赢得了掌声，肢体语言为你招来的是批评。"林林第一次给了我一个肯定的眼神。我的课程又继续了，林林第一次开始关注我讲课。

最后选择最佳演讲者时，林林以高票数进入了前十名，这对林林又是一个新的激励，他这样说："全班同学能选我当最佳演讲者让我感到很意外，这是我第一次演讲，也是我第一次获奖，我谢谢大家！"

中午就餐时，我看到平时散漫的林林笔直地站在队伍里，他们队的辅导员刘老师高兴地对我说："林林今天真是变了，这是从来没有的事。"午餐快结束时我来到林林小队桌前，他身边的一位同学当着他的面，兴奋地抓住我说："老师，林林真是脱胎换骨了！以前他坐我旁边我特别讨厌他，可今天他变了。"我给了林林一个积极的回应说："看，你只要去改变，别人就会看到！"当林林离开后，我又对那位说林林脱胎换骨的同学说："难道今天改变的只有林林自己吗？"孩子想了想回答说："不是，我们大家都改变了！"

这种改变在林林的身上没有停止，下午"多国争霸战"的课程中，他第一次主动冲到台前与别的孩子一起竞选"国王"，落选后，他还是充满自信地对大家说："这次没选上，下次我还会来参加竞选！"最后有位"国王"选择林林当自己国家的将军。

晚上临睡觉时，我把林林找到我的宿舍，这是他第一次很放松地坐在我的对面，眼睛一直正视着我再也没有躲开过。他跟我分享了自己这一天的感受。当我问他等训练营结束后，他又回到原来的环境里，别人会用什么眼光看待他时，他说，还是原来的眼光；我问如果是这样，你选择用什么语言，他说是真正的语言，并告诉我他有信心让他自己学校的老师和同学改变对他的看法。我对他说："林林，请记住，你背后永远有一双眼睛关注着你，那就是我的眼睛，当你想用肢体语言'说话'时，老师是会知道的。"林林肯定地告诉我，他不会让我失望！

交流台

网友：

我儿子在学校，就如同这个林林一样，打人，不会控制情绪，也没有责任感。我一直觉得，他是没有安全感才这样的。我希望老师可以委以某种责任给他，但又怕他担不起这个责任。

我总觉得，如果我现在不教会他交流情感，他以后长大了，就会变成像林林一样的孩子。

淘猫妈：

我想林林这样的孩子还不是老师给不给他安全感、责任感的问题，应该是这个孩子在家里已失去了他的安全感与责任感了吧。

当他的父母不断地告诉他"没事儿"的时候，可这个孩子在社会上感到的是"有事儿"，在这种差异中他感受到的是被欺骗、被抛弃感，同时他也感到他自己的家长没有责任感。这种情况下，我想家长要做的不是在社会上去找原因，因为问题首先出在了家庭内部。

message ②

孩子这样变得任性了

　　孩子性格的成长是分阶段的。在孩子的"反抗期"，父母如果没有科学引导就会刺激孩子的任性行为，而任性是影响孩子日后性格成长的不良因素。面对孩子的任性，父母是纵容还是正确引导？

♥ 孩子何以变得任性起来

　　许多家长给我写信说，自己的孩子平时在家里非常任性，不知该如何教育？

　　孩子性格的形成有一定的遗传因素，后天的教育也可以使之有所改变。事实上，小孩子的任性是在与家长长期相处中逐渐形成的。其关键在于家长与孩子接触时是否有一个清楚的原则？面对原则，家长又如何处理自己与孩子之间的关系？给孩子立规矩时，因为这样、那样的现实条件与原因，做到一半便取消或放弃了自己所立的规矩，这样逐渐会变成迁就孩子。随着孩子的成长，家长与孩子的心理承受力都在增大，如果每次遇到这类事，最后的结果都是家长迁就孩子、放弃原则，那么，孩子就有可能变得任性起来。等孩子大了，家长感到是问题了，再想改正就会非常困难。孩子任性，让孩子养成任性的性格，首先是家长的问题。如果家长的教育方式不改变，孩子任性的问题就得不到根本的解决。

　　家长改变的过程中，孩子一定还会沿用过去已形成的经验与习惯，也就是说这个改变不论对孩子还是家长都是一个长期而痛苦的过程。在这个过程中如果把握不好度，孩子也有可能会出现新的问题。

这就要求家长在孩子遇到问题时，适当变换处理方式。比如，以往孩子制造出一些问题家长马上就处理，现在可以采用故意不理孩子的方式来处理。目的其实不是不理孩子，而是要打破家长与孩子之间已形成的不良的交往方式，孩子不断制造麻烦只有一个目的——吸引家长的注意。这时家长需要思考，自己平时是不是对孩子的关注度不够，让孩子感到缺乏安全感，如果真是这样，孩子就会用主动的方式吸引家长注意。这种主动的方式，有的是积极的，有的则是不断地制造麻烦。家长只在孩子制造麻烦、任性时冷处理还不够，还应该在孩子没有出现什么问题、没有制造什么麻烦时就给他足够的关注，这样才能使家长与孩子之间的互动关系走向良性循环。

另外，对孩子要管教但不能打骂。否则，孩子的脾气会变坏，特别是自己带孩子的家长，不仅要言传更重要的是身教。我曾做过全职妈妈，我知道放弃自己的工作在家带孩子的心情。有时我会感到烦躁不安，烦了也会发脾气，但我会尽量避免。如果这样任由自己发脾气，从某种角度上说，是我自己任性的开始。

我的观点是，孩子再调皮，只要没有危险，就让他发泄精力。孩子干坏事，自己不要生气。比如女儿扔东西，我不要理她，捡起来放一边不再给她，告诉她这是你扔的，不给你了，她哭闹，我也不给，过一会儿就好了。

孩子哭闹是给我看的，如果我为此失去了原则，就会功亏一篑。我想读书或想做事时，孩子有时会任性地来捣乱或是帮忙，那时我会陪孩子读书或去外面玩。也会让孩子帮自己干活，拿东西、择菜甚至让她帮我做面食。当然，如果孩子还小，可能会做得一塌糊涂，没有关系，他忙完了就会去一边玩别的，家长再来打扫战场。我女儿小时候特别喜欢帮我淘米，结果很多次弄得到处都是大米，甚至还把米袋弄倒了，把大米当沙子玩，2岁多时她能很好地完成任务了。

如果家长能再提前一步做到我后面提到的这些事情，结果会更好。不等孩子在你想读书或是想做事时来捣乱，你就主动邀请他加入，这样孩子还没有开始任性或捣乱就已达到让你关注他的目的，等孩子玩累了，闹够了，想休息了，你收拾完，便可以对孩子说："妈妈要自己看一会儿书，你也去干些别的事可以吗？"一般这时孩子都会同意，因为他感到自己所要的关注已足够。当然，家长朋友还要注意不要让这个时间过长，超过了孩子的心理忍耐度，否则就会再次上演孩子跑来给你捣乱之事。只要这样坚持一段时间，你与孩子之间的互动就会渐入佳境。

只要家长自己不任性，孩子是不会任性的。因此，家长一定要注意自己的言行，不要给孩子做坏榜样。

做回"恶妈妈"又如何

事情发生在我孩子1岁半时。有一次她想跟我一起去商店买东西。我说："可以，但有两个条件，一是不会给你买玩具或零食；二是来回都得自己走，绝不能让妈妈抱。能做到就一起去，做不到，妈妈就自己去。"小家伙点头答应了，一路上做得也很好。

可是不知什么原因，从商店回来，就快走到我们家楼前时，她竟然不肯自己走了，站在地上一个劲儿地要抱抱。我怎么说都没用，最后只好站在那儿不理她。谁知当她看见一位邻居奶奶从我们身边走过时，居然一屁股坐在地上号啕大哭起来，她的这一招引来不少邻居出来围观，她一见人多了索性躺在地上，一边打滚一边哭着要抱。

我站在一边看着满身是土、两条小腿不停乱踢、不断在地上扭动着身子、泪流满面、声嘶力竭号啕的女儿，犹如见到了童年时的自己：为了达到个人目的，使尽耍赖之能事。当然也就明白孩子此时的心态，这是在向妈妈宣战。如果此时我因为怕难堪、爱面子把她抱起来，就会有无数个下次，她也就会在我的不断迁就中长成一个"小无赖"，最后也就会成为一个"窝里横"。

可不抱女儿也确实让人很难堪。周围站着看的、上来劝的都是些认识我并看着自己从小长大的阿姨、大妈们。如果一直硬挺着站在那儿不抱孩子，一是会让这些热心的人感到没有面子；二是别人会认为我太不懂事。

正在左右为难之际，小家伙的哭声竟招来了一位曾经教过我的老师，她走过来一看是我，便直说："你在干什么，这么点儿的孩子让抱就赶快抱抱吧！大冷的天儿，别让她这么使劲哭，小心生病！"面对老师及各位熟悉的阿姨，我一边向她们慢慢地解释着事情的原委和不抱孩子的理由，一边赶紧在女儿的身边坐下。

这也是我一时情急想出来的办法，一来是可以避免她们当中的某位，看不下去这种场面，走上前替我抱起孩子，如果出现这种情况，我今天所做的一切努力就白费了；二来是向孩子表明，我也走不动了，坐下来同她一起在这儿等着别人抱，从而断了她最后的盼头！

小家伙见使了这么多办法、来了这么多位奶奶，不但没能使妈妈抱起自己，反倒使妈妈也坐在了地上。也许是因为哭累了，看到妈妈也坐在了地上感到奇怪，或是真的觉得没什么指望了，她居然停止了打滚与哭泣，坐起身来在那儿愣愣地看着我。没过多久，她竟抽噎着自己站起来，走到我的身边用小手牵住我的手，并做出了要拉我起来的动作，当我站起来时，她便静静地与我一同走回家去了。回家之后，作为她没让人抱的奖励，我好好地与她亲热了一番。

从此以后，小家伙也曾再度使用过这个办法，但是由于其结果都同这次一样达不到目的，也就渐渐不再用这种没有效果的招数了。通过这件事，我进一步在孩子心目中树立了妈妈是一个说话算数的人的印象，却也使我是个不近情理的"恶妈妈"之名在邻居中流传开来。但是不论怎样，这毕竟是我第一次在家庭以外的地方，战胜了自己身上的弱点，做到了对孩子不溺爱、讲信用而且也克服了孩子的一点小任性。

交流台

王湖：

我家孩子4岁了，在外面哭闹时，能坚持半个小时到一个小时。有时候，为了尽快结束，我就答应他的无理要求，或者武力解决。想想，这都不好。看来，我真正要克服的，是自己的弱点啊！

淘猫妈：

答应孩子的要求、武力解决等等都是我们最常用的办法，一般而言我们想的都是赶快解决眼前的问题，不太仔细考虑，或是认为来不及考虑，这个马上想到的解决办法会不会为以后教育孩子留下后患。我认为解决问题的办法会给孩子今后的生活带来怎样的影响才是问题的关键，只要抓住这个核心内容，或明白这个问题在哪里，用什么方法反而不那么重要了。在自己心里很明白的情况下，你就会创造出无数的办法与孩子磨合。

message ③

培养**有礼貌的孩子**

很多父母会抱怨自己的孩子没有礼貌，尤其是在自己家里，吃的、用的一定要自己先来，不懂得先想一下爷爷奶奶、爸爸妈妈。这不是孩子的错，而是整个家庭的错。当所有的家人都把孩子看成家中第一位时，自然就塑造了一个"小霸王"。

我的一位朋友与老人生活在一起，家庭矛盾一直持续不断。有一次矛盾的起因是，他为自己的老母亲和孩子买了一些小点心，孩子放学后发现点心只剩下一块，就问奶奶："奶奶是不是你吃了我的点心？"奶奶说："没有，我没有吃你的点心。"可孩子不信，还说："别人不会吃，只有奶奶会吃。"再后来的交谈就变成了，孩子认为奶奶住的是自己父母买的房，奶奶在家里是多余的，这让老人很生气。

朋友回家后得知此事，非常生气，把孩子好好教训了一顿，孩子的妈妈也因此第一次打了孩子，并为此还伤心地躲在卫生间里大哭了一场。孩子为什么会有这样的想法呢？事后朋友了解到是孩子自己看到爸爸、妈妈为买房子和装修等事跑来跑去，就认定那房子是自己父母所买，也就认为奶奶是住在自己家里，奶奶又不像父母那样外出工作，所以得出奶奶是多余的结论。为此我这位朋友很是伤心，也不知道如何向自己的老母亲解释……

我很了解这位朋友，他是我们同龄人中少有的孝子，他姥姥在世时，得了老年痴呆症，大小便常常不能自理，那些脏被套、床单，大多都是他洗的。他对自己的母亲也很孝顺。我们常说他的一句话就是：他离不开他妈、他妈也离不开他。而他的妻子我也相交甚深，是位很好的女士，通情达理，人也能干。这样的一个高知家庭好像不应该出这样的问题才对。

　　可是我从孩子的一句问话中听出了问题：奶奶，是不是你吃了我的点心？奶奶的回答是：没有，我没有吃你的点心。无论是孩子自己还是奶奶在这一问一答中，都认定这点心是属于孩子的。请问，是谁给了孩子这样一个概念，这点心就是买给孩子自己吃的？当我问我的这位朋友时，他说他从来就没有跟孩子说过，点心只是给她买的。朋友买点心的初衷是为了老人与孩子，根本不是专为小孩买的。到底是哪里出了问题？让我们先按下这头不讲，说说过去的传统。

　　在中国人的家庭观念里有一个排列顺序：第一位的是老家长，然后是按辈分排序。以《红楼梦》为例，在贾府地位最高的就是贾母，以后是贾政、王夫人，再后来是贾宝玉，贾府正主子里最小的就是巧姐。然而这种顺序到了现代许多家庭却发生了变化，当父母们没有自己的孩子时，在其心目中自己的父母是最值得尊重的。当自己有了孩子时，无论父母还是爷爷奶奶们，都把重点转移到孩子身上，这时家庭的排列顺序就会发生变化，其顺序变成：孩子、祖父母，最后是父母。而祖父母们自己也接受这样的排序，这就是俗话说的"隔辈亲"！这样排序对一个刚有孩子的家庭来说无可厚非，但如果一直这样下去，就会出现上述问题。

　　在成人世界的交往中，一般是你对我好，我会回报你，对你也好。孩子看到成人这种行为也会模仿：你爱我对我好，我也尝试着回报给成人。这时，问题出来了，父母与祖父母们谁都认为孩子还小，自己不需要孩子这样的回报，认为还是孩子自己享用的好，只有孩子享用了，家长们才真的开心，这样孩子就习惯于所有的都是我的，孩子对事物的认知很简单、很浅显。一旦这一习惯被他们在思想上固定下来就出现我朋友家的那种麻烦局面了。

要想改变这种不正常的排序，应该在孩子两岁多时就开始改变。在两岁以前，孩子太小确实需要家长许多呵护，但两岁之后，孩子开始对世界以及人与人之间的关系进行确认，这时就要让孩子感到这个世界并不是以他为中心的——在一个家庭的排序里，先是老人、父母，最后才是他自己。连贾府这样的大家庭，巧姐也只能排在所有主子之后。就算贾宝玉这样一位在贾府所有子孙中最被贾母疼爱的孙儿也越不过这个顺序。因此我认为，我朋友家上自祖母下至孩子每个人都出了问题。

首先是父母在孩子两岁之后并没有改变自己关注的焦点，这使孩子在以后的成长与教育上失去了对奶奶尊重的基础。因为家长的教育失当，孩子的认知又很表面，结果推出了那样的结论，让孩子与老人相互之间形成了不同程度的伤害，孩子挨了本不应该挨的打，而母亲为此也感受到"打了儿身痛了娘心"，这又形成了孩子与自己母亲之间的伤害。我朋友的妈妈对我这位朋友大发雷霆，他因此背上了不孝之名。而这一切只因为父母的心态没有改变。心态没有变，家长的行为也就不会变，孩子在这些"不变"的影响下产生了问题。虽然家长在主观上没有丝毫对老人不敬的思想，但孙女对老人不敬的行为还是出现了。

其次是奶奶自己，她也没有改变把孩子排在自己前面的习惯，可在这件事上，奶奶又突然把排序给变更了，结果问题就出来了。老人家有权力生气，但生气的同时，也应该想想，在她与孙女相处之时有没有把自己的地位放正确，一味地说："那点心是小孙女儿的"，本身就没有做到自己尊重自己。老人自己的心态表现出来的行为是造成孙女不尊重奶奶的一个必要条件。

要想改变这一切并非没办法。我记得我妈妈跟我说过她小时候的一些事情。

我母亲小时候家里有一位盲姑婆，她从小就盲了，我的外婆一直与她生活在一起并照顾她。老人家是这个家里地位最高者。我的外婆常常会买许多好吃的小吃放在盲姑婆床头的百宝桶里。当时家里的孩子们很多，可那些东西都不会给孙儿们享用。只有盲姑婆可以享用。小孩子们很想吃，常常出现这样的场面：一个小孙孙静静地站在盲姑婆的房门外，姑婆的耳朵很灵，一听到就知道是孩子想吃点心了。便会招呼孩子过去，这时孩子就会向盲姑婆行礼，然后从姑婆手里接过那些心中期望了许久的点心。盲姑婆这些点心大部分都是给孩子们吃光的。但每当我外婆买来点心放在桶里时，她从来不拒绝，都是笑纳了。这些都让孩子们看在眼里，直到她老人家去世，家里没有一个子孙敢不尊重盲姑婆。

　　在这个例子中，我看到了一个尊重长辈的良性循环。

　　首先是外婆把孩子们认为最好吃的点心放在盲姑婆那儿，这样使认知还很表面的孩子们感到，盲姑婆在家里的地位很重要，无论她是否做了什么，她都很重要，因为自己的奶奶对这位老人家都这么好，连自己千盼万盼的点心都只有这位盲姑婆才有，别人都没有，所以她很重要。其次是盲姑婆的表现是平静地接受，这也让孩子们感到，盲姑婆真的很重要，她接受自己奶奶送来的这么好的点心竟然是平静地接受。第三，姑婆对孩子们很好，常常会招呼他们去吃那些只有她才有的好吃的点心，这让孩子们很开心，但孩子们要接受这么重要的人给的这么好的吃食时，都会感到幸运与重要，所以他们都会在行礼之后才接过老姑婆给的点心。越是这样孩子们越是喜欢盲姑婆，在他们的嘴里，"盲姑婆"是对这位老人的敬称！而老姑婆也总是笑着接受孩子们这样的称呼。

　　我想，如果我那位朋友的家人在处理自己与老人、自己与孩子之间的关系时用这种思维方式，其问题也就可以迎刃而解了！

焦虑妈妈带出"胆小鬼"

　　孩子的情绪很容易受到父母的影响，父母的性格也会影响孩子。照顾孩子的过程中，如果妈妈很焦虑，处理孩子的某些问题时，不是过于简单，就是过于着急，很容易造成孩子心理紧张。其实，孩子本来并不胆小，而是被焦虑妈妈"带胆小"了。只要孩子离开焦虑妈妈的怀抱，很快就会摆脱"胆小鬼"的阴影。

　　我认识一位母亲，她干练而敏感，是一位很有思想的妈妈。但她总说自己的女儿言言胆子小，不敢跟老师沟通，什么事都往后缩。这位妈妈很想解决这个问题，把孩子送到我的训练营里。可我却认为孩子身上的问题其实出在妈妈身上。

　　这位母亲把孩子领来与我认识后，我更坚定了这种想法。孩子没有什么问题，问题就出在这位妈妈身上，她对孩子的要求过高过快。在孩子心中，妈妈变成了一个令其不安的因素，孩子在妈妈的面前越来越不爱说话。

　　这种情况反过来影响到孩子在学校的生活，她的朋友好像越来越少，走向了一个恶性循环——朋友越少妈妈越急，妈妈越急就越说孩子，孩子越被说就越不愿意主动与别人沟通，结果朋友就越少……

115

果不其然，言言进营后并没有表现出她妈妈所说的那些特征，我常看到她在宿舍的楼道里追在其他小朋友后面与他们交流。为了试一试这个孩子的胆量，在与全营同学第一次见面会上，我特意把言言请到了台前，让她向全营其他同学介绍我。言言没有表示拒绝，而是很听话地走到了台前，当着全营100多个孩子的面，把我的网名介绍给大家，虽然声音不大，但她的眼睛里丝毫没有怯懦的神色。她不是一个胆小鬼。

　　她不仅不怯懦，而且还很活跃。在荒岛逃生的游戏中，为了保护自己小队的那张脆弱的报纸不被其他队员踩坏，言言摸出了口袋里的粉笔在地上画出报纸大小的一块地方，让队员们先在这块粉笔画的荒岛上练习。言言所在的小队成功地完成了游戏，这与她的智慧分不开。活动后的分享中，全队小朋友都说那个粉笔荒岛为大家提供了充分练习的机会，言言也大方地手拿话筒向大家说明情况。

　　这一情景一下让我回想起前几天言言妈妈对我所说的话："淘猫妈，我没有别的期望，只要我女儿可以站在人前讲话，我就心满意足了。"而现在我的眼前看到了一个与言言妈妈所说的完全不一样的言言。这根本不是我们的训练营有什么特别的本领，而是妈妈用一颗急切而追求完美的心挡住了孩子成长的道路！

　　当言言妈妈看到网上上传的那些她女儿的照片时，她在论坛里留下了这样的留言：

淘猫妈，你好！

　　我看到了你给我的回复，真没想到你在百忙中还抽时间给我回信、关心我的孩子，谢谢你！孩子在见到你的那一天，不时提起你，还告诉了我你和她之间的小秘密……看来是我需要认识自身的问题了。淘猫妈，谢谢你！

　　过了两天，言言妈妈的留言就变成了：

淘猫妈，您好！

　　我今天工作到很晚，想再看看言言的照片，无意中发现第4天的照片已出来了，您真是辛苦了！另外我想您帮我个忙，言言这两天的身体怎样，她不爱喝水，还不爱吃菜，我担心她有没有大便，您帮我问问，还有我想看到言言拿话筒的照片，这孩子做事比较被动，不主动，主动表达自己还欠缺点儿。还有在操场上，自由活动时，她在干什么呢，爱不爱参加集体活动？劳您费心观察一下，谢谢！

　　我给她的回复：

言言妈妈！

　　关于孩子生活上的事，我可以帮忙关注一下。

　　关于你所说的想看到言言拿话筒的照片我不能满足，我们的目的不是让孩子干什么，而是使孩子愿意自己去干什么，这两个过程有着本质的区别，其表现形式是不一样的，后一种需要耐心与等待，用时更长。

　　要相信你的孩子，你曾跟我说过言言多么胆小、不说话等。但我告诉你，为什么你家言言的照片比较多，那不是我的关照，在这个营里，我们要做的是一个都不能少，但同时也要做的是不关照。孩子的照片多，那是她自己努力的结果。言言一入营就表现得非常活跃，无论是发言还是参加活动，她虽不是第一个参加游戏的，但也绝不是那个不敢玩儿、不敢上的。孩子虽然没有拿话筒的照片，但她在小组与中队中的活动一点也不少，还比别的孩子多，所以她的照片就会多。

　　她只是声音小了一些。再有就是我们给不给孩子话筒也是有考量的。因为我们更愿意孩子不用话筒，而是用自己真实的声音让全场都听到他们的发言。

　　我说过，教育要等待，让我们一起学着等待孩子的成长吧！

交流台

淘猫妈：

　　从这两天的留言中不难看出言言妈妈心理的焦虑感，她刚刚发现自己身上有问题，马上又回到原来的思维习惯上去说孩子身上的问题。言言这个"胆小鬼"就这样在她妈妈的手中被塑造出来！在营地里没有老师去推言言，她可以选择尝试，也可以选择等等看。在这种情况下，言言感到的是安全，在安全的前提下，孩子身上天然的好奇心就会起作用，这样就做到了：把"让孩子做"变为"孩子自己要做"。

　　让我们所有的家长朋友在宽容与耐心中把孩子变得更自信，而不是在焦虑与追求完美下把孩子变成"胆小鬼"！

网友：

　　孩子的教育与家庭有很大的关系。父母焦虑、着急，孩子在父母面前会很紧张，表现得胆小怕事，生怕做错事，会让父母不高兴，而一旦孩子离开了那个焦虑的环境，就会变得"大胆"起来。我觉得父母也不要对孩子的要求过高，要求越高，孩子越难以达到，就越是感觉到挫折、沮丧。这都不利于孩子的成长。

这样做让孩子学会说谎

　　3岁以前，孩子基本上不会说谎，孩子长大后说谎，往往是父母教育不当的结果。如果父母动不动就指责、打骂孩子，孩子为了躲避指责、打骂以求免受皮肉之苦，会常常寻找各种借口脱责。长此以往，孩子被"教"会说谎。

♥ 严格奶奶教出说谎孙女

　　这件事发生在营里的一个孩子身上，事情是这样的：

　　一天上午，孩子们都在上课，我在宿舍里写教案，只听楼道里有一个声音在高喊："王亮老师！王亮老师！"从喊声中可以听出不满的语气。我赶紧走了出去，只见一位60岁左右的奶奶站在楼道里大声地喊着，我走向前对她说："王亮老师不在，有事可以跟我说，我也是这里的老师，孩子们叫我淘猫妈郝老师。"她上下打量了我一番，便不满地对我说："你跟我来！"我跟着奶奶来到楼道的一头，那是四个低龄孩子的宿舍。

　　老人一走进房间就大声地对我说："谁让你们把我孙女儿的床位调了！我们到这里来不是受气的！如果是这样我们就退营回家！"她一边说着这些气话，一边把孙女儿的东西搬回原来的床位。我被老人说得有点不知所措，只能对她说具体情况我不太清楚，我马上去了解一下。征得老人的同意后，我找了她的孙女儿夏夏，也向其他几位同学了解了情况。

原来孩子们换床位是她们自己想出来的，因为其中两位同学关系比较好，她们想睡得近点，夏夏虽然心里不太乐意，但怕自己说出反对意见别的同学不接受，也就同意了。奶奶来了发现孩子们的床位被调换后非常不满，对宿舍里的其他孩子发脾气，那几个孩子都被奶奶训哭了，夏夏见事闹大了，怕将来奶奶走后，别的同学对她有意见，便把事推到老师头上，说是老师让她们换的，这就出现了前面奶奶找老师的一幕！

　　夏夏原原本本地把事情经过讲了一遍，从孩子的表述中，我感到夏夏是一个头脑非常清楚的孩子，表达也没什么问题，只是偶尔会有点口吃。我问夏夏平常谁带她，孩子告诉我是奶奶带她，奶奶对她要求很严格，她有点怕奶奶，奶奶平常在家也总是这样爱发脾气。我问她奶奶平常生气时她怎么办，夏夏狡黠地看了我一眼说："如果在家出不去，我总是对奶奶说我想上厕所，然后一直躲在厕所里，直到奶奶消气为止！如果方便我会跟奶奶说我还有别的事，先到同学家玩一会儿，等奶奶不再发脾气了我再回来。"

　　我问："你看今天这事该如何处理呢？"孩子再一次狡黠地看了我一眼说："老师，咱们先去我宿舍跟奶奶说两句话，如果奶奶不生气了，就没事了。如果奶奶还生气，我就去吃饭了！"我一边跟夏夏说着，一边看了看表确实快到吃饭的时间了，便同意了她的说法，我与孩子一起来到了老人的面前，老人一见孩子便生气地大声训起来："你怎么这么软弱，别人说换你就同意？"孩子开始在老人的面前争辩着，句句在理，但夏夏的口吃变得很明显。我实在看不下去，便对奶奶说："请您听完孩子的话再说，如果这样下去孩子的口吃会越来越重，这可是一辈子的大事。"老人听了我的话才不再跟孩子争了，但还是在大声地训孙女，夏夏看情况不妙，说了声该吃饭了便闪了。

　　我看到这一切，也知道为什么同学们都说夏夏说谎了，我也确实看见过她当着我的面说谎——她明明向我借钱买了一根冰棍，但当别人问她时她马上说没有借钱，而且还说出一大堆证明人，这种事在她身上发生过许多次，有的孩子说夏夏是谎话专家。

原来夏夏的奶奶是这样一位脾气急躁的老人，孩子跟着奶奶长大，老人总是想把孩子管理好、教育好，以便向她的父母交代，却对孩子的心思一点都不了解，一味地教训孙女，时间久了，孩子便学会了逃避和说谎，奶奶的目的没有达到，反而使孙女又多了一个坏毛病！

♥ 真实的谎言

"说谎"是儿童某个年龄段心理发展和智力发育必然出现的一种反映。孩子撒谎大约有如下原因和动机：

孩子对诚实的理解以及道德的认识尚不全面、不深刻，也不完善；

学龄前儿童很难区分幻想和现实，因而难免自欺欺人，夸大现实或异想天开；

出于维护自己的利益，逃避父母的斥责和惩罚；

从大人身上学来的恶习；

为了满足虚荣心，而自吹自擂获取他人的注意或赞赏；

为了保护同伴而撒谎；

出于敌对情绪用说谎来诋毁他人；

由于受到别人的误解，将错就错，破罐破摔，向坏的方向发展；

有些父母对孩子在玩耍或生活中的说谎视为聪明表现，不制止反而赞许，久之则弄假成真，孩子真的养成了说谎的习惯等。

其实当大人喜欢用"说谎的孩子"这则故事告诫自己的孩子时，他本身就在说谎，而且是在"为教育孩子而教育孩子"说谎。当有人问成年人：你是否说过谎？绝大多数成年人都会说，对，我说过谎。当问道：你什么时候说过谎时？成年人都会说：在小的时候。好像只有孩子才说谎，只有孩子才需要因为说谎而被教育。

可我看到过这样一组数据，其中一组来自国内——某心理研究所调查了420个家庭，发现有50%的孩子从3岁就开始说谎，随着年龄的增长，比例愈来愈高，到9岁时，说过谎的孩子的比例上升到70%。另一组来自美国的调查数据更吓人，据美国心理学家迈克尔·路易斯的统计，全美国有2/3的孩子在3岁前就学会不说实话，而到7岁，98%的孩子都已说过谎。一位美国心理学家对成人说谎情况的调查，说美国成人平均每天要说20句谎言，一周之内要撒12次较大的谎。中国的成年人每天平均要说多少句谎言？我没有找到相关的统计数据。

但我们可以回想一下自己的行为，看看成人都在孩子的眼前做过些什么：

当孩子还是咿呀学语的"宝宝"时，为了使孩子不哭闹，或抑制其想出去玩的冲动，家长会脱口而出："快别哭，小心外面有大老虎。"这时孩子会吓得瞪大眼睛。然后，家长又故作神秘地解释："老虎听到小朋友的哭声，就会过来把你吃掉。"孩子自然不敢哭了，不敢嚷着要出去玩了。可家长是否知道，等孩子稍稍长大一点，会明白，"什么老虎，全是大人骗我。"从而渐渐失去对父母的信任。

在大人的认识中，孩子是"哄"大的，不"哄"就难以让孩子做成某件事，因此，为使孩子能按照自己的思维运作，习惯于向孩子空口许诺，如"你如果听话，那么就……"、"你如果赶快把作业做完，我就让你……"等等。等孩子如大人愿"听话了"、"把作业做完了"，家长不是忘记了承诺，就是以种种借口搪塞、否认，要么摆出种种理由加以拒绝。对这种动辄许诺却无行动的家长，孩子只会得出一个结论：大人的话根本不可信，全是假的。

有不少家长信奉这样的理论，要使孩子听话，就必须让他怕父母。于是，"威胁"式谎言有了"用武之地"。如："你如果再不好好读书，我就打死你"，"你如果再不听话，我就不要你了"等等。显然，家长说这样的"谎"，是想告诫孩子要"发奋向上"，做个"听话"的孩子，否则后果"不堪设想"，以使他"不敢造次"，并未真的准备实施。从心理学角度分析，这种"干打雷，不下雨"的威胁，除了当时给孩子造成一定程度的恐惧外，只会使家长失去在子女面前的"权威"，给孩子造成心理不安全的阴影。

因此，家长若事先声明要采取什么惩罚手段来矫正孩子的毛病，一旦其"违规"，就必须实施。这样，孩子才会悟出父母的话不是"谎言"。当然，除非有某种真正的"迫切"需要，否则用"内在威胁"的方式来制约孩子不当行为的做法，是绝对应当禁止的。因为它不仅给孩子带来沉重的精神压力，客观上也为孩子避免父母责骂而说谎提供了前提条件。哲人罗素先生说过："孩子不诚实几乎总是恐惧的结果。"

从以上几点上不难看出，孩子说谎与家长、成人脱不了干系，大部分成年人在孩子面前说谎的动机不是骗人，而是使自己摆脱困境。正因为如此，孩子开始学习说谎时也会沿用这一行为方式。所以孩子说谎，是走向成人的一种标志，是为了获取对自己有利的、更大的自由空间。

其实家长真正担心的不是孩子是否说谎的问题，而是担心孩子也会像对外人一样对自己说谎，从而使自己失去对孩子的"控制权"。还有就是怕孩子不只是用说谎来保护自己的自由与权利，而是把其扩大为用说谎换取更大的利益或是去伤害他人，使其真的成为一种恶意的欺骗，从而走向犯罪。

所以我认为与其一味地自己骗自己去教育孩子不要说谎，不如让我们先直面自己的说谎，并客观地去评价它，冷静地分析它。说谎不是一个简单的道德问题，它是一个人的成长问题。没有人生活在真空里，也没有人一辈子不说一次谎言！

💙 谎言的代价

记得有一位家长朋友曾说过这样一件事，她与孩子先是为玩游戏机的事发生争吵，后是因为去不去钢琴老师家上课使争吵升级——当时她与孩子坐在车里，车子已来到老师家楼下，孩子死活就是不肯进老师家，当她说孩子时，孩子突然暴怒，先是在车里对CD盘等东西乱砸。这时妈妈还可以克制自己的情绪，孩子看这招儿无效，突然抓起妈妈放在车里的图纸撕起来，那是客户送来妈妈还未来得及处理的重要文件。妈妈终于急了，上前想抢回图纸，孩子发现了妈妈的意图，一边哭，一边撕，一边说："怎么？心痛了？我就是要让你心痛！平时你们收我游戏机时我就是这样心痛的……"

在这里，我不说这事后来具体的处理结果，而想说这事让我想到的问题。当孩子跟家长讲条件，或是家长与孩子讲条件时，如果孩子没有完成承诺之事，他们要接受的惩罚，真的是如这个事件中那个孩子所说的：一定要让孩子心痛！不痛不足以让孩子长记性！如果再犯，我们就会让孩子更痛，好让他们好好记住！别好了伤疤忘了痛！

当家长没有完成答应孩子之事，接受的惩罚可就小得多了，有时是一句轻描淡写的道歉，或是花钱给孩子买个小东西作为补偿，从而轻易过关。然而孩子的眼里不揉沙子，他们无力来对家长进行惩罚，但他们从中学到了家长原来是用这种方式说谎的。用这种权力为自己开后门，逃避惩罚。这就是许多家长都有这样的困惑的原因：为什么我对孩子挺真诚的，可是孩子还是不信任我呢？因为我们逃避责任的行为已让孩子看了个清清楚楚！

教给孩子解决问题的手段

　　授之以鱼，不如授之以渔。在成长的过程中，孩子会遇到许多困难和困扰，在这个时候，大多数父母都会帮助孩子解决问题，甚至还担负起哄孩子开心的责任，久而久之，孩子就会失去解决问题的能力。其实，帮助孩子解决问题，不如教给孩子解决问题的方法，孩子总会长大，总会独自面对属于他的生活。

　　有一次楼上邻居家发生了争吵，饭后出来散步时恰巧碰到楼上的那位母亲，聊了几句才知道，全是为孩子才发生了争吵。

　　她家儿子刚满4岁，昨天在幼儿园里与别的小朋友动起手来。孩子的好朋友与别人发生争执，他去帮忙，结果他跟别人打了起来，为此受到老师的批评，还告诉了家长。这位妈妈回来说儿子，他还挺有理，认为自己打得对，他在帮朋友。妈妈说，就是帮朋友也不能打人，这样一来二往，儿子与她争吵起来，结果是孩子大哭，爸爸、奶奶都进来，有的说，有的护，家里好不热闹。那位女邻居一脸无奈地说："淘猫妈，你看看，现在我这儿子是没法管了！"

　　这种情况几乎每天都在我们身边发生着，我可不觉得这个孩子难教育，而是成人太说教！

从整个过程中我认为孩子的思维很清晰，在这件事中应该让孩子感受到的是解决问题的手段。如果他打输了，可以分析一下如何更好地解决问题，如果不打架也就不会有打输的可能。如果他打赢了，可以分析一下打赢了以后问题是否真的会得到解决。另外，这次打赢了下次该怎么办？如果下次还能打赢是不是就说明他永远都能打赢？看看不用打就能赢与必须打才能赢之间的区别是什么？哪个办法更好？哪种方式更聪明？如果想当一个聪明的孩子该采用何种方式？

我想只要方法正确，孩子一定会接受。当然沟通一次是不够的，当他出现反复时，还可以用这样的谈话方式与之沟通。这样做的目的是，家长不断强化孩子用头脑解决问题的行为方式，无论孩子是否真的找到问题的答案，都对他这种思考行为进行真心的表扬与认可。此外，家长还可以采用更为主动的方式创造机会，使孩子能有更多的思考话题。比如，孩子班里发生的事情或是自己身边发生的情况，也可以是电视里看来的情节，都可以成为家长与孩子进行这种沟通的话题。此时因为孩子不在角色中，更能从一个比较全面的视角想问题，也就可以想出更多的对待这种人际关系的办法。只要长期这样与孩子沟通，启迪孩子思考的能力，他就会慢慢放弃动不动就用拳头说话的习惯，也可以避免家长因孩子常常对别人动手而感到头痛不已。

还有家长如果想让孩子不用拳头说话，自己在家里管孩子时也就不要再用拳头了，当我们都认为拳头说话最管用时，又如何使孩子放弃这种想法呢！

🧑 交 流 台

网友：

孩子分辨是非的能力还很弱，他们只会凭自己的感觉做事。父母要教会孩子分辨是非的能力。

Part 4

培养孩子能力，
从身边小事做起

常言道：孩子身边无小事，小事都能见大事。孩子的成长从来都是在生活中进行的，课程成长是阶段性的，生活成长才是永久的，只要家长自己能积极面对生活、调整自己的生活态度，在教育孩子的问题上一定会收到良好的效果。

关注细节，让孩子学会自己动手

大思想家卢梭说过："人们只想到怎样保护他们的孩子，这是不够的。应该教会孩子怎样保护自己，教他经受得住命运的打击，教他不要把奢华和贫困放在眼里，教他必要时在冰岛雪地里或者马耳他岛灼热的岩石上也能生存。"而关注细节，让孩子学会自己动手，就是教他在"岩石"上生存的手段。

从一有孩子我就当着她的面为她做衣服，我不是一位真正学过剪裁的妈妈，当然也不是因为买不起成衣，只是因为我喜欢自己动手。孩子从出生到上小学前，她身上穿的衣服、头上戴的帽子、脚下穿的鞋都是我亲手做的。我看图，用报纸打底稿，在报纸上描画，再转到布料上去剪裁……做这一切时，孩子就好奇地站在桌子边看着我，也不时地在一旁添些小麻烦，我没有想到这一切对孩子今后的成长产生了巨大的影响。

孩子刚上小学时，我送给她一个小书包，小家伙十分喜欢，每天都背在身上，这个包包大约背了一年多。一次我发现包包的背带好像断了，又让谁给缝上了，便问女儿这是怎么回事，她说："哦，前几天我下学时，书包带儿断了，我就缝上了。""你给缝上了？这是你缝的还是霞姨缝的？""不是霞姨缝的，是我自己缝的。不能什么事都找霞姨干。妈妈，我缝得好吗？是不是跟霞姨缝得一样呢？"孩子美美地看着我说。我看着手里缝得不算漂亮但足够结实的书包带，很感动。通过这件小事，我知道孩子在生活中找到了自己动手的乐趣，也知道了不给别人添麻烦的道理。

　　仔细想想孩子能有这样的行为一点也不奇怪，这一切都源于我自己对生活的态度。女儿上幼儿园时，我为她制过玩具，把空的雪碧瓶子打上孔，然后用这个大漏瓶子玩水，现在想来，这里蕴涵着中学学的压力以及抛物线方面的原理；用鞋盒与木棍制作过运石子的小车，这里则是中学学的杠杆原理；在樱桃沟的小溪中漂拖鞋的游戏，自然跟浮力有关；讲完《猴子捞月亮》，大冬天的晚上，我们楼下多了一对疯狂母女：一盆冰冷的水盆旁，我看着自家的孩子在水里捞月亮……直到有一天我回到家时，孩子自己在与别人玩《乌鸦喝水》，满屋子都是小石子与水……就这样，女儿什么事都要试试，也敢试、敢做。2岁多就开始在大学的英语角里混，见谁都敢说英语；幼儿园时就敢自己在别人家住；主动跑到北京海洋馆去摸海豚；刚上小学就敢向报社投稿参加征文，可是那时她连汉字还不怎么会写，所写的东西全是汉语拼音——她就这样一直"胆大妄为"。去年孩子上高中了，去参加军训，回来后我才知道女儿在军营的第二天，鞋底和鞋面就分家了，她竟自己带了针线把鞋缝好，坚持到军训结束。

　　喜欢动手的同时，女儿在学习上的迁移能力也很强，她善于动手，与别人打交道从来不犯怵。上初中时，他们学校在每个学期的假期里都有社会实践的要求，开始还是我帮她联系实践地点以及写完社会实践报告后请人家盖章等事务，后来这些事都是她自己做的。记得前年的寒假时，我听楼下的物业人员说，她带着同班的一位同学找到物业要求在那里参加社会实践，并请求别人在他们实践后给他们写的实践报告盖章，开始没人理他们，我家女儿就在那里磨来磨去，最后竟然达到了目标。这是她第一次主动出击，她一直以来是一个幕后型的孩子，一般不会主动走到前台，但这次她做到了，也成功了。我想这是因为多年来她在家喜欢行动，在外喜欢尝试的结果，通过这一系列的事，她学到了什么是自信！

我女儿本来并不是一个十分外向的孩子，而且规则感很强，但她不怕接触社会，进入动手层面时，操作能力极强。我不知道将来孩子的成绩如何，从现在孩子的学习情况上看，成绩对她而言并不乐观，也是她要面对的一个巨大的挑战。但我没有理由不相信她的未来是美好的，她的适应能力很强，有着自学、操作的能力，也具有与人沟通的能力，这一切都是因为我们家庭给了孩子一个喜欢动手行动的氛围，我们的身教使她具有了"先行"的特质。

交流台

家有顽童：

　　很赞同淘猫妈的育儿方法，在你的教育下，小崽子健康而快乐地成长着，这才是做父母最高兴的事。

淘猫妈：

　　在教育我家小崽子的事情上，我其实走过许多弯路，也是在这些弯路中与孩子一起成长。我不敢说孩子一直都健康、快乐地成长着，但我敢于面对自己的不完美与失误。因为那是我成长中曾经走过的道路，到现在它已变成了我生命中的一部分，哪怕它不完美，或说是有过失，但我都认同它。当我做到这些时，我发现自己可以平静地接受小崽子身上的一切，我先做到了自己快乐与健康，在我的感染下，我的孩子也变得快乐、健康！

培养迁移能力

孩子所学到的知识和教养，必须具有从一种情境迁移到另一种情境的功能，才能被称之为"才能"，也才能被孩子熟练地运用。不过，这种"才能"并不是知识和教养所携带的，而是孩子必须学习的。创造力是孩子改变生活、创造生活的重要能力。因此，在孩子的能力教养中，迁移能力、创造能力不可或缺。

我自己是迁移力量的受益者，也一直切身地体验着来自它的力量，我想让自己的孩子具有这种神奇的能力，让她感受到这种力量。为此，我会经常陪孩子看《小鬼当家》这部片子。在片子中，年幼的凯文使出浑身解数，不惜翻天覆地，两名笨贼被这个小鬼玩得团团转。在守护家园的过程中，小凯文用到了无数的物理学与化学方面的知识，我看这片子不是在观看一部搞笑逗乐的作品，而是在向影片学习，从中得到如何让自己的孩子具有生活迁移能力的办法。

由于我自身成长不够到位的原因，女儿从小在创造力上远不如我和我爸爸，在她进入小学后我发现了这点，要知道养成一个习惯难，改掉一个习惯更难。孩子上小学前就已形成了做事比较规矩的性格，打破这一切让我费尽了心思。第一次尝试是半夜里带着孩子去爬墙。

那时孩子已上小学一年级，有一次我跟她谈起自己小的时候爬墙的事儿，说得是眉飞色舞，女儿听得既兴奋又有些迷茫。看着她奇怪的表情，我突然想到，女儿可能根本不知道我在说什么，便问她："你爬过墙吗？"女儿摇摇头。一个六七岁的孩子竟然没有爬过墙？这真是天大的笑话，爬墙头，用自己的智慧穿越成人设置的障碍多么有意思呀，这些应该是专属于孩子的快乐，是他们的必修课才对。我想，不成，得给孩子补上这课。

这天晚上我亲自出马带着孩子去爬墙。其实我家那个院墙很好爬，都是铸铁的花篱笆，手上的扣头儿与脚下的蹬头儿很好找。当我把她领到围墙边时，想当然地认为孩子就会爬墙了，只是过去没有胆量，或是没有想到罢了。谁知她面对这样一个极度容易翻过的围墙竟然束手无策。怎么给她讲，她都不明白，或是说不敢试。结果变成了我这老猫亲自上阵，30多岁的女性，在一个黑黑的夜晚，领着个孩子爬起了墙头，这下可把孩子高兴坏了，我们从院外翻到院里，孩子还嫌不够想要再来一次。这回是我这个当妈妈的没胆儿了，刚才是运气好，再就是考虑如何为孩子补课没考虑其他；如果再来一次，要是让别人抓住有点儿不值，一次就够了，还是小心为妙。便跟孩子说，以后在外面玩儿的时候就这样在器械上练吧，妈妈不可能总陪你玩儿这些，说完我便溜了。

每当孩子想起这件事，我就被孩子美美地称赞一番，我很难用"对"与"不对"来衡量自己做过的这件事。这样一过就是几年。女儿上五年级之后，一天他们秋游采摘回来，可不得了，哪里是采摘，倒有点像是打劫，大包小包整整5个塑料袋，累得她满脸流汗，一个人拿不了，还请别的小同学帮她拿到家，几个包里全是她摘的苹果与梨子。

女儿兴奋地向我炫耀着："妈，今天采摘我们班就我摘得多，许多同学都是向我要的，我还帮别的同学摘来着！因为我会爬树，当我爬树时我们班同学都傻了，他们不知道树是可以爬的，后来也有同学学我爬树，可他们没我爬得好，都怕掉下来。结果我摘得最多呢！""你怎么会爬树？""您不是带我去爬过墙吗，墙能爬为什么树不能爬？""我是怕你掉下来危险，那次爬墙不是有妈妈带着你嘛，这次可不一样。""没事儿，那次爬墙之后我明白了应该怎样踩，怎样抓，没事的，我在外面游乐场里也爬过的。"……

　　我真不敢说自己那次带着孩子夜里去爬墙一定就是对的，但我知道那次的行为给了孩子一次别样的经历与感受。在这感受中，孩子具有了一些与别的孩子不一样的标准，并用此在自己的生活中找到了成功的感觉，这是学校里学习知识时从来没有给她带来过的。好在女儿是一个比较规矩的孩子，自我保护意识极强，在我这位淘猫妈的带领下也没有走向不好的一面，而是把这一经历中美好的部分留在了她自己的生活中。这也算是她与众不同的迁移能力或是创造力的启动吧。

交流台

青椒：

　　别说墙头和树了，我连大学体育课跳山羊都不敢，最后体育成绩可想而知。小时候就说要淑女，虽然大了也没淑女成功，但是胆量倒是小了不少。很多东西小时候没有体验过，长大再学就难了……

message 3

孩子创造力的产生

创造力是人类特有的一种综合性本领，是知识、智力、能力及优良的个性品质等复杂因素优化组合成的新能力。每个人生来都是创造者，所有孩子都具有创造力。不过，很多时候孩子的创造力在大人眼中是个"错误"。于是，父母成了摧毁孩子创造力的"元凶"。

对待孩子的错误要宽容，在这一点上，我的老父亲就比我做得好。记得在孩子三四岁时，一天晚上，她自己在卫生间洗澡，很长时间都没有出来，而且是连续两天都这样，直到第三天晚上我自己洗澡时谜底才被揭开。当我用热水把头发淋湿，打开洗发水瓶子准备洗头时，发现从瓶子里倒出来的全是水！这可是我托别人刚买来的安利洗发液，一小瓶要70多元，这个价格就是现在也不便宜，何况是1997年那会儿呢！更可气的是，这瓶洗发液，我刚用过一次便成了这样，不用说，一定是小家伙干的，这下子我可明白了，为什么前两天她洗澡用了那么长的时间，我每次进去时，她全身都是泡沫。这事真是既让我生气又让我心痛，便暗下决心要好好治治这个"小败家子儿"。

洗完澡，我把小东西叫到床前，拿着装洗发液的瓶子给她看，很生气地斥问她："妈妈的洗发水，怎么都变成水了？"女儿怯怯地看着我说："是我把水放进里面的！"这下可好，我头脑一热，便训开孩子了，恨不能把自己的手指戳到她的小脑袋上，可教训了半天，非但没有使孩子认错，反而从女儿的脸上看到了不解的神情。

孩子的神情一下子让我冷静下来，心里暗暗地想：今天是怎么了，平常宝宝不这样呀！只要是她干了错事总会主动承认的，我都训了小半天了，孩子怎么还不认错呢？难道说这里面还有其他的原因吗？我转变了口吻说："你知道不知道这个东西很贵？"女儿看着我点点头没吱声儿。"知道你还这样做，你能告诉我为什么吗？如果你把整个事情的经过都告诉我，也许咱们还能想出一个好的解决方法呢！"孩子看我没有再训她的意思了，便小声说："我在向你学习呀！"

她这么一说，我恍然大悟。不错，买来洗发液的前两天，我还买了几瓶安利公司的其他洗涤用品，因为说明书上写的是该类产品均为浓缩产品，所以每当家人使用前，我总是跟他们反复强调，先要在瓶子中加水，有时甚至是由我亲自给他们作示范，当然这个过程是不需要避开孩子的，爱热闹的她看在了眼里，竟然学到了这个过程，并做了她有生以来的第一个试验：在洗澡时，学着妈妈的样子往洗发液瓶里兑水。不过她没有完全按说明中的程序进行操作，因为洗发液本身并不是浓缩产品，所以在购买时，也就没有像其他洗涤产品那样有一个用来兑水的配比瓶。女儿在这个问题上看来是大动了一番脑筋。据她自己说，解决问题的最终答案是：把瓶子里的洗发液全都倒出来，把倒空的瓶子里放上水，再把倒出来的洗发液倒回装好水的瓶子里，多余的洗发液则被她"放弃"了，我猜就凭她那"技术"，连糟蹋带洒，恐怕也剩不下多少。这两次孩子洗澡用的就是这种自己发明的"多功能洗浴液"，不论洗身子还是洗头，她全用它代替了。

我突然想到这本身不是孩子的错误，而是孩子的一次大胆尝试，可我却因为她的这次尝试而训斥了她。从成人角度看似无理的行为，在孩子看来是很有道理的。发现问题不去研究问题的原因，而是直奔主题去训孩子，也是许多家长常常犯的错误呀！

现在孩子已是高二的学生了，回想起她成长的过程，我深深地感到，我对孩子的教育并非一直都头脑清楚，常常是这件事清楚了，下件事又犯错。有人说，聪明人不会在同一个地方跌倒两次，我真的不是什么聪明人，连"聪明猫"都算不上，所以我常常会在同一个地方跌倒数次，每次都是跌倒之后才醒悟自己又犯了同样的错误。一次次不幸的原地跌倒行为发生的同时，我也深深地感到自己的幸运之处，可能是自己的成长过程中深深地从父亲的身教中受益的原因，每到这种时候都好像有一只上帝之手在指引着我，让我平静下来回归理智状态，女儿的创造力就这样在我的手里忽左忽右地萌发、被毁，再萌发、再被毁……在这样一个周而复始的过程中，孩子的状态幸好总是会处于萌发的情况。现在孩子大了，我发现她还算是一个敢闯、敢想、敢干的女孩儿，这应该是对我回归理智状态的最好回报吧。总体而言，女儿的创造力比起我来要差了许多，这可以从我与我父亲教育孩子的行为差别中感觉到。我在活生生的教育中学到：孩子的创造力是从许许多多的"错误"中诞生的。这句话看似简单，却是我经过许许多多的生活教训，与孩子一起经历了太多的伤痛才真正体会到的，而此时我的孩子已在身边悄悄长大。

交流台

雪山草地：

正确得到经验，错误换来教训。这都是成长的收获！

谁拿走了**孩子身上的责任和义务**

　　在很多父母的眼里，孩子是家里的王子和公主，他们只要好好学习就可以了，根本不需要承担任何义务和责任，义务和责任都是父母的事情。然而，这样的观念和教育渐渐让孩子忘记了，自己是家里的一员，也有必须承担的责任，从而渐渐变成了真正的"小霸王"和"小皇帝"。

　　有些朋友认为，现在根本就不是什么孩子有没有权利的问题，现在的问题是孩子的权利过多了，家长在某些情况下已变成了某种意义上的弱势群体，当那个独一无二的孩子一出生，他就占据了家长整个的心。从那一刻起，家长们低下头任劳任怨地为孩子服务，而孩子呢，则很不懂事。在这种以孩子为中心的谬论下成长起来的下一代，没有责任心，惧怕困难，也不知道感恩。说好听点儿是：小太阳、草莓一代。说难听些，整个一个"天王老子"。

　　这也是几年来国学热在家庭教育中不断升温的原因之一，现在这种民主教育方式管不了这帮小屁孩儿，还是请老祖宗出来管管。中国家长可是用这套老理儿管孩子管了几千年，就不信管不了你们现在这帮小屁孩儿。前几天有位搞国学的朋友跟我说：他们教孩子学《弟子规》不是要给孩子什么臣民教育，而是让孩子们知道他们应该负的责任，并认为这在当今教育中很是缺乏。

不错，对于这些朋友的观点，我有一定的认同。我在一线工作多年，也确实感到，现在的孩子身上缺少了责任感，缺少了坚持的恒心与克服困难的勇气，也确实很少有感恩之心。但我认为这不是恢复传统教育就可以改善的，也不是说我们中国教育接受了西方的教育思想后，就一定会出现这样不堪的局面——而是因为家长以孩子领导者的身份对孩子的权利、义务与责任进行重新划分的结果。

由于一些历史原因，改革开放初期，站在相同起跑点上的老三届的知青们，他们改变命运的最有效的方法就是考上大学。考上大学意味着，无需家庭背景，就可以离开农村，改变命运，捧上铁饭碗，当干部，做领导……一切都是那样顺理成章；没有考上大学或根本没有能力考大学的人们，步入了回城待业、顶岗、下岗、转岗、创业等坎坷的人生道路，这一切让没有走上大学坦途的人们眼羡……这种事有人是曾亲历的受益者、有人曾耳闻目睹，在自己身边或比自己大几岁的亲朋里就有这样的活榜样。

在这种视而可见、唾手可及的铁的事实面前，教育下一代的目标已被量化为：文凭、学历、好工作与金钱。在这个目标的指导下，孩子身上的权利、义务与责任首先被重新划分为：他们只需要为自己的学习以及成绩负责任，承担起向家长回报好成绩的义务，也可以自由行使自己的学习权利。也就是说，只要做到在学习这件事上，孩子能集权利、义务、责任于一身，在其他各个方面，孩子只拥有权利，没有义务与责任。其次是孩子身上的权利、义务与责任被按阶段重新划分：在其工作之前，他们不需要为自己的生活承担任何义务与责任，只需为自己的学习承担义务与责任；孩子工作后他们才需要为自己的生活与工作全面承担与负责。

在这两个重新划分的前提下，许多家长朋友们都开始放下自己的身段，为孩子提鞋背包，家境不好的为孩子节衣缩食，家境优越的倾囊而出，为孩子提供所有生活上的方便，当然也包括从孩子们的手中拿走他们原本应该为生活所负的责任与义务。这样做的目的只有一个，让孩子们有更多的精力与时间好好地负起学习的责任。只要孩子学习好，能考上大学，能考上好大学，承担起向家长回报好成绩的义务，家长朋友们就是做牛做马也愿意！

可令家长朋友们没有想到的是，生活上一点义务与责任都没有的孩子们，也并不愿意承担家长给他们保留的那一点点学习义务与责任。他们一方面享受着家长们给予的各种便利、富足的生活，还不断地拿着这些生活方面的条件与朋友们进行攀比；另一方面则是学业疏懒，想尽办法得过且过，一逃了之。

在家长朋友们苦口婆心的说教下，在家长朋友们的威逼下，孩子们总算半推半就地长大了。无论是考上大学的，还是没考上大学的都到了成人的年纪，应该开始工作了。这时家长却发现他们的孩子没有工作与独立生活的意愿，只想留在家中啃老，工作两天半就又躲回家里当起啃老族，长大了就会懂事这个逻辑好像在这些孩子们身上根本行不通。

我认为这一切的根源在于家长朋友以领导者的身份对孩子的权利、义务、责任进行了重新划分。无论是责权义的全面划分，还是责权义的阶段划分，都面临一个问题，那就是孩子在其工作之前无需为自己的生活负责任。他们只有一个任务就是学习，而且要努力学习，学习好，创造好成绩。可我要问家长朋友孩子们为什么要努力学习，或说为什么要学习好呢？有的家长朋友会说，那是要让他们将来过上好的生活，为自己将来的生活、家庭负责任。

如果一个孩子对自己眼前的生活都无需负责任，为将来的生活以及家庭负责任不就是家长们自己的幻梦吗？这些话不就是家长自己对自己的梦语吗？在这种想当然的划分中，中国家庭教育呈现出集体梦游的态度。孩子该工作了，梦醒时分家长朋友们才发现，他们孩子的生活责任感与承担义务的能力，还停留在原点！

这能怪我们的孩子长大却不懂事吗？这能赖我们的孩子懒散、没有责任感吗？这能赖我们的孩子被西方人本主义给教育坏了吗？这能赖我们的孩子不争气吗？我看不能，这只能赖我们家长自己在孩子的成长过程中从他们的手里拿走了他们应该为自己的生活所承担的义务与责任！

交流台

瑶妈：

淘猫妈每篇文章都是一针见血！"'长大了就会懂事'这个逻辑好像在这些孩子们身上根本就行不通。"我对这句话的感触太深了！我快40岁了，自嘲为著名啃老族！我啃的不是经济上的，而是精神上的。我从小家庭环境不错，所以我是在"精神上控制、生活上照顾"的环境中长大的，所以到现在我都需要精神上的依靠，这种感觉是说不清的！

我妈总是对我说："孩子现在还小，长大了就明白了！"每次她说这话我都表示反对，并告诉她我自己的感觉就是："小时候孩子不知道自己应该怎么样生活，长大了就是思想上明白，行动上也不会改，因为不习惯！"

幸运的是我明白了这个道理，但很多家长都不太明白。有时候我看到周围一些孩子的生存状态就感觉特别失望，有钱人自不用说，当然会给孩子提供一切优越的物质条件。没钱的就自己省吃俭用，绝对不能亏了孩子！有时候想自己是不是过于悲观了？毕竟还有淘猫妈这样的人在影响着大家呀，可您这样的人太少太少了呀！

淘猫妈：

"长大了就会懂事"，这句梦语，带有很强的欺骗性。在它的指导下家长放弃了许多属于家长的本职工作，而越俎代庖进入向孩子传递知识的大军中，还美其名曰是在培养孩子学习的好习惯。可大家都没有好好想想，一个连生活习惯都没有的孩子，哪里来的什么学习的好习惯！

让孩子学会**独自在家**

看过《小鬼当家》的父母，一定都曾被影片中小主人公凯文的机智勇敢感动过。然而，当你真的要把自己的孩子单独留在家里时，是否会有些担忧？其实，孩子6岁以后就可以独自在家了，这对孩子不仅是种锻炼，更是一种独立意识与自我保护意识的培养。

无意间看到一个动画片名字叫《喜羊羊和灰太狼》，故事很老套，就是"小羊儿乖乖，把门儿开开……"之类与狼斗争的故事，但这老套的情节还是让我很有感触，因为这种故事就曾在我家上演过真实版。

那时作为央视"e点名家"这一栏目的策划，我曾作过一个选题"不要跟陌生人说话"。为了拍外景与选素材，摄像师提议要拿我家孩子试镜，他们几个人先把我"看管"起来，然后外景主持人加摄像师在孩子放学回家的路旁埋伏好，当他们发现我女儿从他们身边走过往家走时，便一起出动，来到孩子面前对她说："我是你妈妈的朋友，来找你妈妈。"结果她高高兴兴地把两位陌生人领回我家，还热情地与一个主持人阿姨聊起天来。那位摄像师利用这个机会，跑到我的卧室里好一通翻，把我的结婚证、毕业证、户口簿等重要证件都找出来了，在整个过程中录像机一直开着，一直录着……他们临走时还顺手牵羊拿走了我的手机。

当摄像师说用我家孩子下料时，自己还自信满满，要知道对孩子独自在家的安全教育我可不只进行了一两天，说不上是天天讲，也算得上常常讲，可当我看到朋友们拍到的素材时，也只能承认自己在这方面的教育失败了。总结后我发现，我对孩子进行的这方面的教育都停留在口头上，没有让孩子亲身体会，她的感受不深，也就无法考虑自身的安全。这件事出了之后，我开始对孩子进行切实可行的安全教育。

第一步先给孩子看那段被拍下来的录像，让她有一个切身的感受。在事实面前孩子也有所认知，知道独自把两位陌生人领到家中是一件非常危险的事。还要告诉她，只要是独自在家，如果有人来敲门谁都不能开门，也不能出声。因为所来之人都是找爸爸、妈妈或是爷爷、奶奶的，当这些人不在家时，你就是开门也不能帮着把事情办了。如果来的是坏人那就更麻烦，所以当自己在家时就当家里没人，谁来都不出声。当然有了前次的教训，我也学乖了，对此要进行实际考试才能通过。

有一天下午，下班时想起女儿独自在家，便悄悄走上楼，站在门镜看不到的死角，开始按门铃。这次孩子真的学聪明了，她没有急着打开门，但她也没有按我所说的装着家里没人，而是急急地跑了出来，那动静我在门外听得清清楚楚。她跑到门边，通过门镜向外看，发现门外没有人，便挺大声在门里自言自语地说："咦？奇怪，怎么没人？"说着好像是犹豫了一下，便听到了开门声，我知道她是想打开门一看究竟，趁此机会我突然跑出来使劲去推门，小家伙没想到有一个人会突然冒出来，吓了一跳，赶紧想把门关上，结果当然是我的力气大，把门打开了。当她看清是我时，才放下心来说："干什么呀？妈妈，您吓了我一跳！"我却对她说："孩子，想想看这件事问题到底出在哪儿了？"后来她跟我说："家里没有别人时我不应该发出声音，也不应该去开门。如果不是妈妈，而是什么别的陌生人，我就会很危险……"

从那以后，这种问题就再也没有出现过。此后我会时常看到门上贴的要查水表、煤气的条子或是因家中无人而留下的取邮件快递的通知。不过我知道，那时女儿早已下学回家，只是因为她独自在家，又吸取了以前的教训，假装家里没人而造成的假象罢了。看到这些条子，我真的放心了许多，孩子知道应该如何独自面对这样的问题了。

孩子在安全问题上有些内容是自学成才的。她自己把独自在家的这些办法进行发展，用到了接听电话上。一次我与老公、朋友在外面聚会，孩子自己在家，我的一位朋友开玩笑说："你也不带孩子来一起玩儿，我给她打个电话看看她在家干什么。"说着就拨通了家里的电话，一会儿小崽子接起了电话："您好，找哪位？""我是你妈妈的朋友李阿姨，你是娃娃吧？"孩子说："是，请您等一下。"过了一会儿，孩子接着说："我妈妈现在有事，一会儿她会给您回电话，请留下您的电话号码。"这个回答让我的这位朋友很惊奇，我明明跟她在一起，可孩子的行为好像是说妈妈在家只是不方便接电话。

事后，我跟孩子聊起此事，她说因为她自己在家时也常会接到一些陌生电话，她不愿意别人知道她是独自在家，便发明出这样的办法来应对。我问她是如何想出这个办法的，因为作为妈妈，我自己都没有想到现在的孩子还会遇到这样的问题，她说她是看了《小鬼当家》那部电影，向那个小主人公学来的。从这件事中，我突然看到孩子真的是长大了，也真的是有了安全意识，原来那些弯路没有白走。同时也看到了，当孩子们真的把安全意识刻在自己心里时，他们自己就会主动想出适合自己的应对方式，对孩子而言，只有这样才是真正的安全。

交流台

勤奋的妈妈：

是呀！对孩子进行安全教育光停留在书本、口头是不够的，还需要在现实生活中时不时地对孩子进行突击考验。

淘猫妈：

一般而言，我们更愿意说教，并认为说过孩子就会明白。经过这件事我才真的知道，一切还是要看做，许多事要多多练习才会让孩子真的有体会。这件事给我很大启发。

青鸟：

我们对孩子进行安全方面的教育也要把理论和实际相结合。可是，我只要跟她提一个人在家时出现情况应该如何应对时，孩子就很害怕，让我抱她或是抱着她的玩具以减少自己的恐惧。我不知道是不是孩子小时候出现过什么情况让她有如此的情绪？这样的情况我们该怎么做呢？

淘猫妈：

我认为给孩子独自在家的教育也要分孩子，不同孩子采用不一样的方法。我家小崽子是一个胆子蛮大的孩子，自我保护意识差，所以我强调这些内容；而你家的孩子是一个安全意识很强的孩子，我认为更应该让孩子明白的是如何向外扩展，而不是过度地自我保护。

再就是关于你孩子的这种过度保护意识的来源，还真得从她成长的过程中去寻找。有机会我们可以谈谈这方面的问题，也许可以从中找到答案。

厨房里的平安曲

　　对孩子来说，厨房是家里安全隐患最大的地方，锐利的刀具、明晃晃的火、滚烫的汤……都有可能带来伤害。以往父母们认为，避免厨房伤害最好的办法就是不让孩子进厨房。然而，孩子有着好奇的天性，"外防"并不是最好的防御方式，只有让孩子进入厨房，在危险中学会保护自己，才能真正获得安全。

　　每年的暑假是我最忙碌的时期，家里所有一切都顾不上，只有一个地方紧紧地拴着我的心，那就是夏令营的几百名营员们。这样工作已有5年多了。每当我回到家中，头一碰到枕头就再也不想起来……"妈妈，起床吃饭吧，我给你做了红烧鸡翅。"女儿用轻轻的声音唤醒了我，这种情形已有好几年了，只要是寒暑假我在营地期间，都是小崽子照顾我的生活，给我做饭，她早已会做糖醋排骨这样的大菜了。

　　当许多朋友知道这些事时都说，你家小崽子可不像是独生子女，她好像跟我们自己小时候差不多，什么都会做。听到朋友们这么说，我心里除了美滋滋之外，也告诉他们，如果你想要孩子做到这点并不难，问题是你是否解决了孩子进厨房的安全问题，只有解决了这个问题，孩子进厨房才有可能。

　　在孩子进厨房前，我想的是要先找出其中的安全问题，第一点就是点火。当时我家使用的煤气灶具不能自动点火，用火柴或是打火机让孩子点火很危险，但我认为这是孩子必须会的一种普通的生活技

145

能。想来想去，最后想了一个好办法：我把家里旧的大牛皮纸信封都剪成一条一条的，让孩子先用火柴或是打火机把纸条点着，再拿着点着的纸条把灶具点着，通过纸条点灶具，就等于加长了火柴棍的长度，这样使孩子可以从容地去点燃灶具，她不再担心灶火在被点燃的那一刹那烧到自己……

第二点就是灭火。厨房是一个用火较多的地方，一旦着火如何让孩子学会面对是一个很大的问题。在这点上就要防患于未然，先教给孩子关煤气，用锅盖灭火；如果还不成，就打110，同时关上厨房门把自己与火源隔开，迅速逃生。在这几点上让孩子牢记，每次问她这些时，她都说得清清楚楚的。当然，我不只是让孩子记住，也让孩子在家里操练过，这样提高了孩子对灭火知识的运用能力。

第三点就是烫。这对孩子而言是一个巨大的危险，如果不小心，孩子打翻了滚烫的汤锅，后果不堪设想。为此，我把厨房上上下下仔仔细细重新设置了一遍，把什么锅应该放在什么位置都固定好，把哪些碗应该怎样摆放也确定下来，然后让自己先按这些要求进行摆放，使这些操作变得程序化。以上几条都熟练后，开始让孩子熟悉厨房的新环境，也要求她对各种用品的摆放位置习惯起来。经过这样一番重新"构架"，那些比较烫的锅与碗都被放在孩子根本碰不到的地方，从根本上阻断了孩子受到伤害的可能。另外，我还买了许多防烫的工具，比如能从滚烫的蒸锅里拿出烫碗的提手、防烫的隔热手套等一系列产品，然后一个一个亲自试，把那些大小适合孩子的工具留下来，对不符合要求的进行改造。比如买来的现成的防烫手套都太大，孩子手小不好用，我就自己动手为孩子制作小手套。这些操作只有一个目的：为孩子真实地进行厨房劳动提供必要条件。

第四点就是做饭实际操作。这也需要有适合的工具，要知道刀具对于孩子而言也极具安全隐患，这也是家长不愿让孩子进厨房的原因之一。为此我也动了一番脑筋，先从不用动刀具的菜下手，比如生菜炒鸡蛋，生菜洗好后一撕，生鸡蛋去壳后让孩子自己用手抓好，然后下锅炒，这样她很快就有了成就感。再就是带她去各个商场选适合她使用的小菜刀，当然创可贴、云南白药、京万红之类的小药品我也都准备些。女儿开始实际操作使用刀具时，先从容易的切起，黄瓜、西红柿之类的蔬菜随便她切，那段时间我吃了整整一个假期的这类炒菜和汤，但孩子总算平安地进入了厨房，也顺利地做出了她的第一道菜肴……

从此，孩子在厨房的工作也就越加熟练起来。直到去年，她开始学习做真正的肉菜，更重要的是在这个学习过程中，孩子不断地自我学习、总结与进步。她现在知道想做什么都应该提前做好准备，比如，如果要拿一个刚蒸好的汤碗并把它端上餐桌，孩子绝不会先去打开锅盖用工具拿汤碗，而是先把一个防烫的垫子放好，再在上面放一个便于自己搬动的托盘，并在餐桌上也放好一个防烫垫子。当这一切都做好后才去拿锅里的热汤碗，并安全地把它放上餐桌，这对于一个15岁的孩子当然没有什么，但当年她学会做这一切时还不到10岁。所以我认为想让孩子的生活真的平安，就得随时去发现生活中的不安全，并想办法解决它，只有这样，孩子的安全教育才能落在实处。

交流台

网友：

我家儿子也很喜欢进厨房，虽然9岁了，我还是很担心他，尤其像用刀、端锅。大概在他5岁的时候，自己在家摊了个鸡蛋，还没忘记放盐和葱花。当我下班回家时，只是闻到有点煳味。哈哈，摊好的蛋已经被吃光了……

淘猫妈：

我家小崽子刚进厨房时是4岁，可以做些汤菜时是6岁，会做大菜时跟你家孩子一样是9岁，那年她开始正式照顾我的生活。今年小家伙已15岁，是个半大姑娘了，不对，她是只正值妙龄的半大猫了，会做的热菜也越来越多。

message 7

外出平安路漫漫

外出平安不仅是大人之间最温暖的嘱托，也是父母对孩子最真诚的期望。孩子从小就学习唱"红灯停，绿灯行"，但儿歌毕竟只是理论，现在城市交通更加繁忙，路口红绿灯更加复杂，孩子能否独自平安地穿过马路、安全回家依然是父母最关心的问题。

2009年9月1日好像与过去有许多不同之处，其中之一就是央视搞了一个《开学第一课》节目。在这个节目中，提出了《守护生命十大黄金法则》，看到这十大法则的内容，我有许多感动也有些许遗憾。感动在于大灾、奥运之后，我们开始关注生命，关心普世价值，更加重视生命教育：告诉孩子们面对大的突发性灾难事件应该如何应对……然而在我们的日常生活中这种大的突发性灾难事件总体而言都是小概率事件，发生的几率不是很高，时间久了，这种安全意识会不会又淡出我们的视线呢？如果开学第一课，讲的不只是这种大的突发性灾难事件，也包含日常生活中的一般性突发事件，我想这对孩子的教育实用性会更大。自己的这种体会也是来源于生活中的教训！

♥ 意外后的启示

1999年10月，孩子刚满6岁上小学一年级，我与她一起到深圳看望已在外面工作了几个月的孩子爸爸。到达深圳后，我们一家团圆，先生向单位请假半天带我们去深圳市景点游玩，也就是在这次游玩过程中，我们把孩子给丢了。当时我与孩子到达深圳市不过3个小时，在宾馆也就休息了1个小时，周围的一切无论对我还是对孩子都是全新的，我不知道应该怎么办……我们进行了2个多小时的寻找，发动了景点里的所有工作人员，也打了110，但孩子仍然杳无音信……

就在我与先生几近绝望之时，孩子通过边防武警给我们打来电话，这下我们才放了心。原来，她在丢失的这2个多小时里，徒步从我们所在的景点，走到了我们入境时通过的深圳海关，并在那里主动告诉了武警她的情况，这才使我们一家人又重新团圆。从这个经过中不难看出，不是父母找到了孩子，而是孩子自己找到了父母。

这件事后，我对孩子的安全教育进行了一次回忆才发现，我的一些不经意的行为，为孩子创造出了找到我们的可能。早在孩子4岁时，我们就一起徒步去过北京动物园，回来后她还画过《远足报告》。可能是这些活动让孩子对城市道路、交通规则，还有方向都有一定的认识，这才为孩子主动找到我们提供了可能。这件事提醒了我，从此以后，我便经常对孩子进行一些徒步训练。在孩子上小学期间，我们徒步去过颐和园、圆明园、香山等地方。

在徒步游玩的同时，还有一个重要的练习在等着孩子——每次出行，她都要独自画出地图，还要拿她自己画的图与买来的地图作比较。这样一来，孩子在七八岁时对地图的识别力就已远远超过了我，她一般不会迷路，我开车出行时，她更是我的活向导！

💙 自学问路技巧

孩子在玩画地图这个游戏时，还给自己新挑战，她总想让自己画的地图超过买来的地图，便开始追求了解更多的道路情况，而我在这方面掌握的知识与能力都不如她，这就要求孩子自己去打听道路。开始因为有我陪着，她能做到见人就打听；后来我不再陪着她去问路时，孩子常常要问许多人才能知道自己想要的信息，此外她还遇到了这样的问题，有一些人的回答与另外一些人的回答相反，对这种情况，开始孩子常常不知所措。后来则越问越顺利，她也学会总结经验：要问商店里的阿姨；要问那些穿制服的人员；要多问几个人，如果大家说的都一样再走；如果所问之人不是商店里的阿姨或是穿制服的人员，而是普通人，就不要让别人看出自己是一个人出行，而是想办法让对方认为有朋友在远处等自己。

风险评估与遵守诺言

孩子上初中时，我遇到一个新问题：让孩子独自骑车上学？还是由我送她去上学？虽然她的新学校离家不远，但要过一个大立交桥和两个主路的大路口，车多人多……这对一个从来没有自己骑车独自上过街的12岁女孩子来说还是有一定危险的。思来想去，我决定让她自己骑车去上学。

但之前，我做了充分的准备。首先把自己预想到的安全问题——写下来，然后独自骑车去他们学校，在这条路上仔细核对我所找出来的问题是不是真的存在，结果发现许多问题是我自己想象出来的，实际情况并非如此。例如，我一开始担心孩子骑车时在公共汽车站附近会比较危险，公共汽车不是进站就是出站，行人忙于上班、上车行动都很快，特别容易发生冲撞。结果发现女儿上学经过的这条路上没有公共汽车站，我的这个担心完全没必要。同时，我也发现孩子独自骑车去学校时会遇到一些新问题，比如，过两个大路口的时候就有好几个方案，一个是绕到南面走过街天桥后再绕回来，这样最安全，但也最远，要多走出1000多米；一般行人采用的方式就是推着车子左右乱看，发现没车便狂跑过去，这样对孩子而言最快，他们学校的大门正对着这个路口，过去就到学校了，但这种方式最不安全；再就是走人行横道，但这两个路口太大，而且还是连着的，一共要过四个人行横道才能过去，再就是每个人行横道都有红绿灯，等待的时间很长，许多人都因为不愿意这么干等着选择了第二种过马路的方式。面对这些情况，我生怕孩子等得不耐烦，也跟着大家推着车子在马路上乱跑，便决定让孩子绕远走天桥过马路。

这是我的想法，毕竟我不能完全代替孩子作决定。正式上学前，我和孩子一起去了她学校一趟，想让她自己选择。经过来来回回三四次的探寻，她最终选定走人行横道，而不走天桥，原因是过天桥时，天桥上的斜坡路很陡，她力气小，推车上坡很吃力。与推车上桥的辛苦和不走人行横道的危险相比，她宁愿选择规规矩矩走人行横道。因为这条路是她自己选择的，孩子在这条路上独自走了三年，几年来都很遵守交通规则。她的好朋友到我家时总是向我告状："阿姨，娃娃过马路时可死板了，非要走人行横道，结果我们大家都得等她，其实根本没有必要这么走，只要没车大家都直接就过去了……"而她每逢此时都会说："那是我自己选的路，我要为自己的安全负责。"

今年开学，孩子上高中了，这是一所离家很远的学校，她不只要骑车还得要乘公交车，并且还要换乘才能到达学校。这次她上学我没有再操什么心，因为我知道她早已具有了独自出行的能力。我想母亲应该做的不只是照顾孩子，更要教给孩子自己照顾自己，这也是安全教育的一部分。

🧑 交 流 台

网友：

谢谢猫妈指点，我家儿子也正面临升学后的上学问题，我想我也不能总是送他，该放手时就得放手啊！

淘猫妈：

其实哪位妈妈都愿意看到自己孩子平稳地长大，平平安安地独立。为了达到这一目的，我们可以尝试着从一点点放手做起，学会让我们自己的心理可以承受孩子的长大与独立。

message 8

怎样对待**孩子的兴趣**

科学家爱因斯坦曾说过"兴趣是最好的老师"，而日本著名教育家木村久一也说过"天才，就是强烈的兴趣和顽强的入迷"，兴趣在孩子成长过程中一直起着重要作用。作为父母，我们要细心观察，谨慎地培养孩子的兴趣，千万不能伤了孩子的兴致。

有一次女儿下课回到家，对我做了久违的小撒娇行为，这让我很惊讶。她大了，早已不再做这样的小把戏，这是怎么了？一丝惊奇在我的心头划过，闯祸了？还是又一次考出好成绩？我满脸狐疑地望着孩子……

"妈妈，我今天又交到了两位外国朋友！"孩子兴奋地说。

这如果是在上幼儿园时，我一点也不奇怪，小崽子因我的一次"失误"，从1岁3个月就开始学英语，从此也开始了大街上的"疯狂英语"大行动。无论是麦当劳还是飞机场，无论是宾馆还是英语角，只要见到老外，她就会第一时间冲上前去与老外交流，从来不会为自己的行为难为情。小崽子的理论是：如果老外不理她，她没有失去什么；如果老外理她了，她就赚到了朋友。

但这一行为，随着孩子的上学变得越来越少，到中学后就再也没有了。学校的功课紧，她又是一个在学习上很吃力的孩子，几乎没有业余时间，也就没有机会再去老外出没的地方"狩猎"了。这次她又是怎样达到自己的目的的呢？

我好奇地盯着她问："跟妈妈说说，你是怎么交上这两位外国朋友的？在哪儿？你今天放学没直接回家吗？"孩子看着我笑着说："妈妈，看您这记性，今天我们不是有外教来听课嘛！我是跟来听课的两位外教交上了朋友！"

"跟来听课的外教交朋友？这事有点奇怪，你在上课时表现得特别好，下课老外采访你了？"

"不是！我跟您说，这堂课是我们班的同学去接的老外，下课后，我第一个冲到老外面前，先自我介绍，然后与他们握手，之后我就用英语与他们交流，问了他们对我们班这节英语课的看法，向他们了解了他们来北京的情况，还问他们是否愿意与我在今后的日子里继续交流，他们认真回答了我的问题，还同意与我作进一步的交流，我就向他们要了E-mail地址，并把自己的E-mail地址留给了他们。"孩子说得脸上直发光！

"妈妈，您知道吗，我们许多同学是在我的带动下，才开始与老外交流的，但他们只会说：'Could you please give me your E-mail？'老外也给他们留下了E-mail，但同学们都没有想起要把自己的E-mail留给对方。只有我一个人办到了。还有许多同学连一句话都没能跟老外说上呢。

"还有，我们班长特受英语老师宠爱，为了这节课，老师还特地把那些受老师宠爱、老师认为英语好的同学安排坐在老外身边，班长就紧紧地靠着老外坐着，可是她一句话都没能跟外教交流上。她只是在老外走后，对别的同学小声说：'我也想跟老外说几句。'而我并没有坐在老外的身边，但是下课后，主动冲过去与他们交流，才会有现在这种结果。

"还有，还有。同学们都说我跟外教来了一次零距离接触呢！妈妈，这是我上中学以来最最最喜欢的一堂课。您知道吗，这两位老外都是高水平的老师，他们专门给老师进行测评呢，他们这个周末就回英国了。他们是英国的正规教师，我这几天就给他们写邮件，让他们真的认识我，并与我交往成真朋友！"

……

孩子就这样，一直不停地说着，笑着，所有的一切都那样令人兴奋——她已许久没有这样开心过了……我也笑着，听着，没有打断她，让这一丝甜蜜在孩子的心头更多地流淌，她需要在现实生活中找到自信，找到生活的快乐，这才能成为其今后学习的兴趣与动力。孩子的开心让我动心！

我给了孩子一个大大的拥抱，并对她说："谢谢你，娃娃！你真的很棒，你没有等待，而是去创造；你没有抱怨，而是去改变；你没有放弃，而是去行动。你这种不屈的性格与抗高压的心理承受力，使你得到了自己想要的结果。我坚信，你会用这种态度面对自己今后的生活与学习。我为你骄傲，你是妈妈心中永远的骄傲！"

把这些写出来，一方面因为这是我内心的感动，另一方面也是对一些朋友关于兴趣问题的回答。我自己就是这样一直支持着孩子在生活中运用自己所学，让她在生活中感受，在生活中发现，到学习中去运用。不过，这种做法的缺点是见效慢。但我可以等，因为等待也是一种教育，更是一种心理的成长。在等待中，我不断感受着孩子给我带来的心动瞬间！

💬 交流台

努力做个好妈妈：

您好，猫妈。从您这里学习到很多新的教育理念，也更加强了为人父母的责任感，现在对待孩子的问题非常审慎了。

现在有个困惑想和您探讨一下，孩子要过10岁生日了，想和好朋友办个生日会。去年曾经在麦当劳办过一次，我考虑到想培养他的人际交往能力就帮助他办了，今年提出又想办，我还在犹豫，没有最后答应。

顾虑一，家中老人也很疼爱孩子，全家庆祝孩子生日是一家的高兴事，办生日会就把老人的快乐剥夺了。顾虑二，以这样的方式庆祝生日是否会让孩子养成大手大脚的习惯，以为友谊就是吃吃喝喝呢？

这次是孩子自己提出的愿望，如果断然拒绝，也和我一贯主张的要孩子有自己的想法与主张的理论相悖，好像也和我一直在说的唯一的愿望就是希望他快乐的说法相矛盾，我该怎么办呢？

大杜老师：

与其说是娃娃的主动，倒不如说是由于猫妈的定力的结果！

冰冰妈：

"努力做个好妈妈"的类似顾虑我也经常有，遇到事时会左右为难，但其实任何事情都很难两全其美。遇到这样的事时，我通常的做法是跟孩子商量，把我的想法和顾虑讲出来，跟孩子一起作个双方都认可的选择。这样做的好处：一是锻炼了孩子的主见；二是给孩子一个民主的方式。缺点：一是有了主见的孩子越大越难控制；二是矛盾下放，家长有些逃避的感觉，这又会不会对孩子有影响呢？两难呀！

淘猫妈：

谢谢"冰冰妈"帮我回复了"努力做个好妈妈"朋友的提问。

我的建议也是如此，可以把你的想法与顾虑告诉孩子，由孩子自己找出一个他认为的万全之策。

对孩子的方法，你还可以再提出异议，不过，如果孩子不同意，还是按孩子说的办法做为好。但事后要总结，还是先让孩子说，然后你再说，并问问孩子将来遇到同类的事应该怎么办。这样这件事才能解决妥当。

在这一切的背后有一个前提：相信孩子可以做到，而且会越做越好。这不是家长在逃避，而是家长在承担"让孩子学习面对"的后果。这就是家长的成长，也是孩子的成长。只有那些不敢面对孩子选择带来的后果的家长才会不愿意让孩子进行选择。

message 9

让孩子负责，当狠心妈妈

孩子在成长过程中，父母希望他单纯、快乐，有一颗善良的心，但如果一味地"正面教育"，不让孩子接触丑陋的、痛苦的一面，将来孩子可能会变得脆弱，心理受到的伤害可能更大。世界从来都不是只有美好的一面，这点一定要让孩子知道，这才是对孩子的人生负责。

这是女儿儿时的一段伤心经历，当时她只有5岁。

一天晚饭后，我和女儿照例要与美琳以及她的母亲相会，女儿想起了自己钟爱的宠物——小黄鸭，还不曾介绍给好友，便一定要带上它，我对她说："最好不带，如果跑丢了你可就没有了。如果你想让美琳跟你的小鸭一起玩儿，你可以下次邀请美琳到咱家来做客，再把小鸭子介绍给她。"女儿不同意，一定要把小鸭子带去与她们一块玩，既然孩子已经知道了最坏的结果，如何选择就看她自己了。当然女儿还是把小鸭子放进鸟笼，带着它一起去会自己的好朋友了。

一到花园的草地上，孩子们就开心地玩起来，没过多久她们便把小鸭子从笼子里拿了出来放在草地上，让它自由自在地跑。美琳比我家女儿小1岁多，当时的年龄好像差3个月就4岁了，这个孩子个子比

156

较小，跑得不太快，有点儿追不上那只小鸭子。女儿为此有了一项新工作，只要小鸭子一跑出草地，她就追上前用手捉住小鸭子，把它丢到美琳的面前，用以显示当姐姐的在妹妹面前对自己的东西毫不吝啬的风范。但那只小鸭子从没有经历过这样的虐待，只要两脚一挨地便又没命地逃跑，就这样重复了几次，我与美琳的妈妈实在看不下去了，一个劲地劝阻她们。后来也许是小鸭子逃进了树丛，孩子们不太容易捉到它了，或是她们已经跑累了玩腻了这个游戏，反正她们很快就开始不找小鸭子，而是去玩别的了。

当我们两位妈妈开始招呼自己的孩子互道"再见"时，已是7点多钟，天也开始黑了。我对女儿说："拿上你的小鸭子，咱们也回家吧。"女儿答应了一声，便拿着鸟笼，跑到小鸭子藏身的小树丛中去找它。这一找不要紧，才发现小鸭子已不知逃到哪里去了。女儿着急地一边到处找，一边还学着平时招呼小鸭时的声音，嘴里不停地叫着，可是我们足足找了半个小时，小鸭还是全无踪影。女儿伤心地哭了起来。这时天已完全黑了下来，没法子，我们回家拿上手电，又返回到花园进行第二遍拉网式的搜寻，当然也是无功而返。

女儿对这个结果很不能接受，她不断地对我说："我已经努力了，也知道自己不应该那样丢小鸭子，也向小鸭子道过歉了，可是小鸭子为什么还不回来呢？"这时，我告诉她："我们所犯的错误一般会分为两类：一类是犯了错误，只要积极去改正就会有好的结果；但有一类则是错就是错了，你再努力改正这次也没有机会了，只有等到下次再遇到这种事时再说了，这对大人也一样。不过有的时候这种机会只有一次。就像这次似的，妈妈再给你买一只小鸭子，也绝不会是原来那只了，你也知道，养小鸭子很不容易，咱们年年都养，可是年年都是没几天就死了，只有今年我们的这只小鸭子养了两个多月，现在又丢了……"没等我说完，女儿伤心、自责的泪水又从眼眶中涌了出来，我紧紧地抱着她，让孩子痛快地在我的肩上哭了一场。

当然尝试不好的结果是痛苦的，但也是必要的，这也是我们成长过程中必须经历的事。让孩子早点感受到这一切，也就可以让她早点学会为自己的行为负责。其实这不是在让孩子感受痛苦，而是让孩子感受生活本身。在日常生活中，我时时地提醒自己不要忘记这点。

交流台

嘉嘉智子：

这种负面教育很有必要，我们许多家长就是因为在一些本该让孩子体验的事上狠不下心，才会出现教育的失败。做明智的家长，做睿智的家长，舍不得孩子长不出参天大树。

王湖：

"女儿对这个结果很不能接受，她不断地对我说：'我已经努力了，也知道自己不应该那样丢小鸭子，也向小鸭子道过歉了，可是小鸭子为什么还不回来呢？'"这一节课，我要给我家小油补上。如果他弄丢小动物了，我可能不会去给他找。

淘猫妈：

是的，我没有去给她找回来，但我还是给了她理解与同情，后果是要让她承担的，但我不会在让她承担后果的同时，让女儿感到妈妈太狠心，从而让孩子在这件事上失去安全感。

家庭教育应该向网络游戏学习

随着电脑的普及、对电脑知识的熟练掌握，越来越多的孩子痴迷于电脑游戏中不能自拔，家长和学校单方面以为电脑游戏毫无可取之处，对孩子围追堵截，却仍然苦苦找不到办法。然而，网络游戏真的一无可取吗？如果真的一无可取，到底是什么如此吸引孩子们？家庭教育是否也该向网络游戏学习呢？

从事家庭教育的工作中，经常可以接触到迷恋网游的孩子。古人云：子非鱼，安知鱼之乐？这话很有道理，家长并不玩网游，安知网游里的门道？一味地说网游给孩子们带来了虚拟的快感；一味地说网游阻碍了孩子们的社会交往能力；一味地说网游里的血腥给孩子们带来了心理扭曲；一味地说网游让孩子们失去了人性……这样的说法有根据吗？网游那么坏，为什么孩子们还喜欢，还迷恋？这只是孩子们的无知所致吗？其背后的深层原因又是什么呢？为此，我特别体验了一把网络游戏。

自从开心网有了农场、牧场之后，很短的时间里它在成人与孩子们之间蹿红，我家小崽子也有了此好，这也为我开始网游提供了一个契机。当小崽子开学后，我便接管了她大部分的网游工作，正巧在此时看了一些对有网瘾的孩子的专访节目，为了可以写出更客观的有关网瘾的文章，我开始让自己全身心地沉迷于网游之中，60多天后我才慢慢退出来。

在这两个多月的网游过程中，我发现原本应该很机械的网络游戏却制作得那样灵活，拿开心网中最为火爆的买房子的游戏为例，点开该游戏的排行功能键就会发现，它会呈现出四个排行维度：总资产最多、现金最多、装修最好、魅力最高。玩儿家可以根据自己的兴趣点去参与排行。

　　不要小看这些排行，其中除总资产最多、现金最多、魅力最高是由电脑程序自动算出外，装修最好可是要由自己圈子里的真实朋友们给出，这种评论就是一个社会交往的模仿。从这点上说，这款网游并没有限制玩家的社会交往，而是扩大了玩家的社会交往面。

　　再来看看由电脑程序控制的另外三个指标。从理论上讲，总资产越高，玩家有可能获取的现金数就越高，但事实并非如此，现金在手并不能保证玩家可以买到高分值的种子或动物，这一切要受到技能等级的限制，而技能等级则跟时间挂钩。这样一来，玩家只要每天都在线，平时小玩儿一把，就会出现这样的局面：也许你的现金额并不多，但你却可以买到高等级的种子与动物。

　　此外，还有一个魅力值在起作用，当玩儿家帮助自己圈内的好友加水、加饲料、助产、捉虫、锄草、浇水时，自己的魅力值就会往上升；而且，当有人把自己的农作物，或是自己饲养的动物偷走时，被偷者的魅力值也会因此而上升，这一数值的上升将直接影响玩家换取卡片的数量，卡片的使用可以给玩家带来更多的趣味。魅力值还有一个特别的获取渠道，那就是邀请自己现实中的朋友参加开心网，邀请成功，自己的魅力值也会有所提高。

　　别的不多写，只从我前面所说的这几点不难看出，网游是那么机械却又是那么魅力无穷。说它机械，是因为在网络上只靠这四个虚拟的指标就把玩儿家们拴在电脑上，让他们被电脑程序所玩弄。要知道生活中的乐趣要远远多于网游中的这四个指标，别说四个指标，四十个指标、四百个指标在生活中也都可以找得出来，但沉迷于其中的玩家们好像真的傻了一般，竟然甘心情愿地被这四个小小的虚拟指标所戏弄，真是不可想象！

不，我不这么认为，正是现在的生活让我们的孩子们成为迷恋网游的小玩家，其中的原因也绝非孩子们的幼稚与无知。请问在孩子生活的世界里，除了成绩，还有什么真正的显性指标可以评价孩子们吗？我看没有，而且随着孩子的年龄增大，那些非成绩的评价指标越弱，越不真实，越无力，最后便丧失殆尽！留下的只有"分儿"这一条命根儿。

面对这样的局面，许多家长会说：我们也没有办法，都是现在的教育体制惹的祸。我却不这样认为，这是家长的托词，教育体制我们改变不了，但看待自己孩子的眼光，家长是有选择权的。如果家长也认为："孩子成绩不好一辈子就完了"，请问这个孩子能感到生活的希望吗？孩子们只被一种指标衡量，他们中的许多人只能得到失望与绝望，在这种情况下，孩子们自己去寻找其他表明其自身价值的指标又有什么错呢？难道让孩子们在失望与绝望中走向未来才是他们最好的选择吗？

如果家长可以在家庭中为自己的孩子设立更多的学习成绩之外的评价指标，可以让孩子感到自身的价值，我想网游也就只是孩子们的一种兴趣游戏罢了，它不会成为他们沉迷的对象。不要小看虚拟世界，人的情感与价值许多都不能用外在的指标衡量，它们靠的只是当事者内心的自我感受。从这个层面上讲，情感、自我价值感都是虚拟的，无法用一个有形的外在指标来衡量。如果你不想让自己的孩子沉迷于网游，如果你想让自己的孩子在情感与自我价值感上都有良性的感受，请不要把网游一棒子打死，或是拒它于千里之外，而应该好好研究网络游戏，它可以教会我们许多内容。

交流台

在家教育：

没有调查就没有发言权。猫妈体验网游，实事求是的精神可嘉，比现在一些坐而论道、闭门造车的所谓专家棒多了！

如果让孩子可以感到其自身的价值，我想网游也只是孩子们的一种兴趣游戏罢了，而不会成为其沉迷的对象。

淘猫妈：

面对网络许多成人都很焦虑，我想那不是因为网络这个东西太坏，而是因为我们成人对它的了解太少，我们恐惧它。许多恐惧感，并非真是网络带给我们的，而是我们自己心生出来的焦虑罢了。

我想避免这一切的最好办法就是自己走近网络，了解它，感受它，与之共舞。只有这样，我们才能真的了解孩子们。

在这点上，我想我的榜样是我的老父亲。他不认识英文字母，没学过汉语拼音，一谈到电脑病毒，他想到的就是去拔电源插座。以他这样的基础，在年近80岁时学习用电脑、上网，现在他已可以做到真正的办公无纸化。我想他是我与网络亲密接触的最大动力！

佐佑格子：

猫妈的探索精神可嘉！赞一个！

孩子从任何游戏中都可以学到很多东西，只不过是家长要适时引导孩子，不要沉迷其中。8岁的佐佑玩电脑游戏有4年的历史，还没发现太多负面的影响。

我一直帮佐佑下载或寻找适合他的电脑游戏，既可以帮孩子筛选、节省他的时间，还能减少电脑的辐射和对眼睛的伤害。

孩子用顽强赢回自信

　　小草因拥有顽强的生命力，才能顶着巨大的压力，最终钻出土地；树木因有抗击一切困难的顽强，才能经受着风吹雨打，结出甜美的果实。顽强是如此重要，每一个顽强的坚持，都将带来宝贵的希望。孩子的成长不可能是一帆风顺的，教会孩子顽强，孩子才会有更美好的未来。

　　3月31日下午我接到小崽子打来的电话，说是她初三体育模拟考得了29分，这让我十分惊讶！小崽子与我在这点上差异特别大。我从小就在校田径队里混，无论跑还是跳都名列前茅，在跳高这项上我还在海淀区拿过第三名的好成绩。而小崽子从来都属于那种跑不快、跳不高的。真没想到她竟然得到了29分！只差1分就是满分。

　　我知道这29分对小崽子来说，得来不易。这学期开学她就开始每天放学后跑800米，这是她体育中最弱的一项。天天如此，有时听到她说自己腿痛我也没有十分在意，想着她再跑几天腿痛得厉害了就会放弃，后来工作忙，我再没有与她交流此事。没想到她竟然为了能拿到体育上的30分每天都这样拼命地跑着。

　　下班回到家，我兴奋地跑到孩子面前想听听她的好成绩，可孩子并没有对我说这些，而是告诉我："妈妈，今天我哭了。""孩子，那是喜悦的泪，没关系！""不，妈妈，我不是在知道成绩之后哭的，而是在跑800米之前哭的。"我有些不解地用眼神询问她。

　　"我在准备跑800米前，我的好朋友突然对我用英语说：'You're the best.'我听了她的这句话突然忍不住哭了！"说真

163

的，听到孩子说这句话时，我自己的心也像被什么东西敲了一下，鼻子酸酸的。这对小崽子来说太不容易了，这说明她有了真正的朋友，也说明她自己的努力终于得到了同龄人的承认，这一切是她通过自己的努力做到的，这条路她整整走了6年！

从上小学三年级与班主任不和开始，她就从班上的中上等学生掉到了最底层，一直受到老师与同伴们的排挤，在这点上我帮不了她，只有默默地等待与祝福，因为我的任何介入都会让她更加得不到同学们的认同。她也一直为没有朋友而苦恼着，再加上学习成绩一直不佳，在交朋友的问题上就更难了。但她从来没有放弃过，一直在用自己的办法努力着。现在她终于做到了，终于有同学从心里认同了她的努力，这是一种自己给予自己的奖励，也是我这个妈妈隐忍六年后的结果，面对女儿没有朋友，无人理解，我真的是心痛又无奈。但我一直认为学习成绩从来都不一定是交朋友的前提，我从小就是一个学习成绩极其不佳的孩子，可我的朋友里有班上学习最好的同学，因为成绩从来不是一个人的全部。可是到了小崽子这一代，好像在我看来是自然而然的事，在她却是那样难。

面对这种情况，我没有去说孩子，让她想尽办法提高成绩，因为我早已看到了孩子的努力，说她这些只会让她更加没有自信。我也没有去抱怨那些给予小崽子不平公待遇的同学与老师们，因为我无法改变孩子的生活环境。我唯一可以给孩子的就是一颗坚忍与不懈的心，我知道在生活中这样一颗心将给孩子的未来带来怎样的动力。当然在这样做的同时，我留给自己的是与孩子同甘共苦时心中无尽的痛与无数次被戳伤后流出的血。

现在孩子用整整六年的时间与自己顽强的努力赢得了朋友，赢得了同伴，同时也赢回了属于她的那份自信。

我紧紧地给了女儿一个大大的拥抱，并对她说："妈妈从来都知道，You are the best! 因为你是我的女儿！"

Part 5

孩子上学了，
家长与老师相处有技巧

孩子一帆风顺地成长，离不开家长、老师的悉心教育。这个时候，就要家长做好与老师的沟通，了解孩子的想法，了解孩子的表现。同时，也不可避免老师与孩子有矛盾的现象，家长如何明智地处理这些问题就显得很关键。

message 1

教别人孩子 VS 带自己娃

自古以来就有"易子而教"的古训，而现在很多人却认为"给别人带孩子是一件吃力不讨好的事情"。孩子到底是别人带好，还是自己带放心？

如今持"给别人带孩子是一件吃力不讨好的事情"观点的人绝非少数。在我接触过的教师群体里，持此观点的朋友大有人在，而且普遍认为现在的老师难当，他们要面对的家长群体，一方面自身的心理脆弱，另一方面对孩子的期望值过高，老师管孩子会落一身不是，不管孩子会落不是一身。老师也全然不再是老师，早就变成了"汉堡包里夹的肉饼"——两头受气！

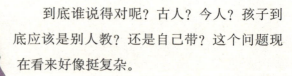

到底谁说得对呢？古人？今人？孩子到底应该是别人教？还是自己带？这个问题现在看来好像挺复杂。

事实并非如此，这两种观点从根本上我认为是一种观点，"易子而教"的古训来自《孟子·离娄上》，原文为：

公孙丑曰："君子之不教子，何也？"

孟子曰："势不行也。教者必以正；以正不行，继之以怒。继之以怒，则反夷矣。'夫子教我以正，夫子未出于正也。'则是父子相夷也。父子相夷，则恶矣。古者易子而教之，父子之间不责善。责善则离，离则不祥莫大焉。"

孟子的学生公孙丑问孟子："君子不亲自教育自己的儿子，这是为什么？"孟子答道："因为从情势上就行不通啊！父亲教育孩子一般用正理正道进行教育，用正理正道行不通，父亲就要发怒。一发怒，就要伤害父子感情。有的孩子对父亲说'您常常用正理正道教育我，可我看您自己并没有按照正理正道来做啊！'这样，父子间的感情就破裂了。为了防止这种情况的发生，古人想出了这样的办法：互相交换儿子进行教育。"

从孟子这段话中，我看出两个意思：一、告诫父母教育孩子学好，家长必须言行一致，以身作则；二、告诫父母教育孩子时不可以怒，更不可以在身不正的情况下怒，否则会伤害家长与子女之间的感情。如果非要这样教育孩子，他们也不会心服口服，弄不好还会受到孩子们的责备，丧失教育的主动权，导致家庭教育的失败。为了避免这些问题，"易子而教"则成为最佳解决方案。

第一，由于是教别人的孩子，老师在孩子面前，做到言行一致，在孩子们看来是一个完美之人。在这点上家长有天然的弱势，天天与孩子生活在一起，一切（包括缺点）都暴露于孩子的眼睛之下，根本就完美不起来。所以易子而教便成了家长一个合情合理的、不成长的偷懒之策。第二，老师教育学生，学生不听，老师可以发怒，使用教鞭、戒尺也无不可，老师不怕伤害师生间的感情，因为老师是代行父母之责，以完成家长不能尽之事宜。这也是我们常常说："师徒如父子"。在传统教育中这种"严师"之风一直盛行，并得到推崇。换言之，家长在教育孩子上不可以为所欲为，如果要想达到"为所欲为"的效果，就会假借别人之手。这里的别人就是老师。

可现在的情况变了，不允许打孩子已成为教师们的行为规范，教师没了代行父母之责。打孩子的权力，应该是好事，可老师们好像因此而留有许多遗憾，自己管教孩子时，他们不听，老师也无计可施，可家长对老师和对孩子的重望和期许仍在。面临这种情况，老师反过来又想利用家长了，既然是完成家长对孩子的期许，我就把打孩子的职能再还给家长。这就形成了许多老师都会在心里期望家长可以把他们的孩子"管得服服帖帖"的，这就是有那么多家长会因为孩子在学校闯祸了，被老师召到学校教育叮嘱的原因。也就是说，无论是"易子而教"，还是"教别人的孩子吃力不讨好"之说的背后都有一个共同的内容——"教者必以正；以正不行，继之以怒。继之以怒，则反夷矣。"这里的教者，可以是父母，当然也可以是老师，无论具体的教育者是谁，事件发展过程完全相同——教育者一定要言行一致，做到完美；如果做不到，就不可以教育别人；如果非要在自己不完美的情况下教育别人，一定会出现教不成而发怒的情况；如果不让怒，教育者就会面临无计可施的局面，所以我说，无论"易子而教"，还是"教别人的孩子吃力不讨好"的想法都是一回事，都是对自己不可以对孩子或是学生为所欲为的不满和无奈！

现在的社会人与人之间的关系越来越平等，越来越透明，老师的行为也同样暴露在学生、家长、社会的眼睛里（如网络、视频、手机拍照、手机录像、电子眼等），无论是家长、学生还是社会对老师的行为操守、言行都有了更高的要求，已不只是如过去一般简单地在学生们眼前时做到言行一致即可。如果把孟子的话推而广之：老师也要做到完美，如果老师不完美，他管教不完美的学生时，发怒就会很自然，怒了当然要打，如果不能打，好像教师就失去了教育法宝一般，这一逻辑跟"易子而教"中所提到的第一条完全一样。

这就走入一个怪圈，对于家长而言，孩子必得"易子而教"；对于老师而言，孩子就得教自己的，教别人的孩子就会出现吃力不讨好的局面。面对这种情况，我认为，孟子之言还可以从另一个角度去理解：无论父母还是老师，都是教育者，在教育孩子时都要做到言行一致，可要做到言行一致很困难，因为没有一个教育者是完美的。如果教育者自己不完美，也就不能要求孩子完美，既然教育者与孩子们都不完美，在教育孩子的时候教育者也就没有必要发怒！因为发怒于教育孩子无补，所以要想教育好孩子先要教育好自己，要求教育者自我成长，切不可用简单的"易子而教"或是"教别人孩子吃力不讨好"的想法为自己不成长和不自省而开脱。当教育者对自身的问题认识清晰时，无论是教别人孩子还是带自己娃，都可以游刃有余！

交流台

网友：

我认为教育孩子本身就是一件非常复杂的事情，不能一蹴而就，也没有统一的模式或万能方法，需要的是时间和对路（适合被教育者）的方法。不管是教别人的孩子还是自己的孩子都应该懂得孩子的心理才好。

九木：

我认为有个人魅力的老师不用刻意去迎合家长和孩子也会受欢迎，反之个性有缺陷的老师连自己的孩子也教育不好，甚至自己的生活也是有些糟糕的。当然每个人都一样，每个职业也是一样。

尽管我们家没参加过周末亲子班，但我相信周末有一天家长和孩子互换的这种活动（或叫游戏）很有创意。可以在和陌生的家长或孩子的一天相处中体会和感受更多。这种想法不见得与这篇文章契合，但是我突然就想到了这个。

message ②

当老师训斥了**犯错的孩子**

　　犯错是孩子成长过程中的必经之路，有时候父母面对孩子的错误，会耐心地询问孩子原因，与孩子一起想解决办法；有时候会暴跳如雷，大打出手，尤其是当孩子犯错受到教师训斥，也牵涉了家长的"面子"时。你是什么样的父母，在老师面前会如何对待犯了错误的孩子？

♥当孩子挨了训

　　一位老师曾跟我说过她经历过的一件事情："……我记得我教一年级的时候，我训一个男生，男生的爸爸在旁边，我说他们家孩子太调皮、淘气、不遵守纪律、成绩也不好，结果小孩爸爸可能实在不好意思这样挨训，上去就给了孩子一个大耳光，然后又踢了几脚，小孩的脸当时就肿起来了。"

　　我想说，这样的家长还真的不少。面对老师，面对出错的孩子，面对自己……家长的心理很复杂。第一，没有家长不爱自己的孩子，但当老师批评孩子时，我们家长普遍会认同老师的说法。因为老师与家长同为成人，而成人的眼光之间比成人与孩子的眼光更接近，相互的认同点更高。第二，从道理上讲，爱孩子就是要孩子更好，有错不说就是溺爱，是不负责任。所以不仅要说，还要好好说。说不好，就训；训不好，就打喽！第三，家长都有自己的面子。如果换成自己，首先就不会出这种问题，就算是出了这样的问题，因为自己犯的错误而受训，也就认命、认栽了！可现在出问题的是孩子，因为孩子犯的错让自己站在那里听老师训，或是被老师连孩子带家长一块儿训，家长的颜面何存呢？有许多家长在自己的工作单位都是一把好手，有着高人一等的成就感。可在老师面前，为了孩子的错误，被老师说，被老师教育，这会让家长自己都想先找个地缝钻进去。

所以在以上三点的基础之上，孩子那小身子骨就该倒霉了！这就是我得出的家长的脸皮与手掌之间的关系：家长的脸皮越薄，手掌的强度就越大，这种关系说明孩子被打的概率也就越高！

♥ 平和地面对老师的训斥

如果你认为这不是一个解决孩子问题的好办法，就需要改变思路。可如何改变呢？孩子的主我们家长做不了，他们总是要淘气，要犯错；老师的主我们家长也做不了，他们总是要请家长，这是老师工作负责任的标志。我们能做的也就是自己的主。就让我们来看看，面对老师的训教与孩子的犯错，我们应该用什么样的心理来处理。

第一，当别人，特别是一些权威人士，如老师，在说自己的孩子不好时，请问我们应该怎么想？如果连你也认同别人的说法，请问你的孩子还有学好的可能吗？家庭是孩子的港湾，对孩子的包容不是溺爱。在这里，有一个重要的心理学理论根据，就是"皮格马利翁效应"——"远古时候，塞浦路斯国王皮格马利翁喜爱雕塑。一天，他成功塑造了一个美女的形象，爱不释手，每天以深情的眼光观赏不止。看着看着，美女竟活了。"这就是我们常说的："说你行，你就行，不行也行；说你不行，你就不行，行也不行。"既然是这样，为什么我们不走"说孩子行"的道路，偏偏要顺着别人说自己的孩子不成、不行，一切都是自己孩子的错呢？

第二，要想做到第一点，就得从心里认同孩子，学会用孩子的眼睛看问题，从中找到孩子做法的合理性，认同他，这样再面对老师的训教时，家长就不会再感到很难堪。认同孩子的合理性并不等于溺爱孩子。因为，我们的目的不是帮孩子改正这一次错误，而是帮孩子学会站在不同角度上看问题，使其从错误中学会对一个问题有不同理解。这样做才会让孩子试着站在别人的角度上想问题，从而解决孩子想问题过于简单的情况。在家长主动换位思考的身教下，孩子对老师与成人的认同度才会提高，出错的情况也就自然减少喽！

第三，家长面对老师的批评时，要明白，老师批评的是孩子，不是自己。孩子虽然是自己生养的，但孩子是一个独立的个体，他应该为自己的行为负责任。如果家长自己先感到没有面子，然后对孩子大打出手。就在用行动告诉孩子，我爱你的好行为，我爱好孩子，不爱你，只有你是好孩子时我才爱你。这样，孩子有可能会为了得到你对他的爱而改变自己的行为，但也会因此认为自己不是好孩子（总是得不到家长的认同）。结果孩子们就会这样表达：对家长的爱无所谓！一旦这种行为出现就意味着：你将失去自己的孩子。家长朋友，你愿意冒这个险吗？如果不愿意，最好的办法就是让孩子为他自己的行为负责任。你在听老师训斥时也就大可不必感到没有面子，那不是你的事，不是你犯的错，谁出的错误谁承担。

过了这三关，家长的脸皮就会变"厚"。再听到老师训教自己的孩子时，就会心平气和、神态自若，还可以时不时地微笑着看着孩子问他："你看这件事怎么办？""妈妈听到这些很能理解你的感受。你想如何处理？你需要妈妈做些什么？你提出来，让妈妈想想，看看妈妈是否办得到？"等等。

这样一个新的家长脸皮与手掌之间关系的可能性就出现了：家长在老师面前的脸皮越厚，手掌的强度就越弱，打孩子的可能性就越小，家长对自己孩子的爱心就越大，包容的心态就越明显。

至于家长朋友们，你们会选择哪种脸皮与手掌之间的关系，就要看你们自己的选择了！

家长要学会调整自己的心理

在这里我可以举一个自己面对这类问题的实例。

那是我女儿上初三时，我去参加她家长会前的心理准备。我女儿是一个社会交往型的孩子，与人交往上没有什么问题，热情开朗，心理健康，但她学习成绩一直不太好。孩子为此付出了许多，效果一直不太明显。对这点我自己并不担心，社会是多样的，孩子将来长大了适合做什么那是孩子自己的事。我要给她的是一颗关爱的心、选择的能力与愿意为自己的选择承担后果的责任心。我的父母就是这样教育我的，我在自己孩提时代学习上还不如我女儿，是全班倒数第四名，现在我还是扛起了自己的生活。

可我这种教育理念每每会在孩子学校开家长会时受到挑战。不知从何时开始，我把去孩子学校开家长会当成了"恐怖之旅"。从事家庭教育这么多年，每次遇到朋友或是来咨询的家长们一般都会说这样的话：看看你知道得这么多，在孩子教育上一定没有问题吧！你孩子一定教育得特别好吧！你的孩子一定特别优秀吧！……溢美之词不计其数。每次我都会告诉他们：我是一位普通的母亲，一样感受着你们的快乐，也一样感受着你们的痛苦。在家庭教育这个课堂上没有专家，没有老师，我们都是教育自己孩子的专家，教育自己孩子的老师！每当我这么说时，大家总会认为是客气，但那真不是客气，而是一句真话。我也有问题，内心也害怕。看看，开家长会就是我担心、害怕的，而这次家长会又有别于过去——初三孩子面临中考；升学形势严峻；期中考试成绩全部出炉；孩子的成绩不用猜我都知道高不了；家长会上，老师会把学习成绩好的孩子表扬一通，之后当着全体家长的面把一些孩子批评一通，当然也会顺手批评家长一番……想起这些即将出现在家长会上的场面，我的头皮就发麻：这就是我要参加的这次家长会的阵势！

面对这样一个被我称为"恐怖之旅"的家长会，面对这样一些不断出现在我面前的问题，我为自己写下这样的文字：它不是对孩子说，不是向社会抱怨老师，我只是用它调节自己的心理压力，把它作为我的心理准备，用这样的心理准备调整自己的心态，调整自己脸皮与手掌的关系，我不会让这种压力通过自己的言行传递到我女儿的身上，如果那样，我才是一位不负责的妈妈。我在自己的心里写下：孩子是一个潜力巨大的矿床，虽然她是一座有再生能力的矿床，但她依然需要保护，她不能承受破坏性的开采。作为妈妈，我要为自己的孩子阻挡一切可能的破坏性开采，不管这种破坏性开采来源于老师还是来源于我自己。上帝请给我力量，去面对家长会这样的"恐怖之旅"，让我有力量去面对老师，也面对我自己。孩子，妈妈爱你，为了你，妈妈可以承受一切！

从这个实例中不难看出，我并不比哪位家长更高明，并不比哪位家长做得更好，但我会让自己更有准备，这样才能更好地保护自己的孩子，保护自己，能平和地对待出现在家长面前的诸多问题。

🧑 交流台

网友：

老师面对家长时，总是先说你孩子的缺点，为什么不能当着孩子的面先把孩子的优点讲了，再用一种比较委婉的说法来说孩子的哪方面不足，我觉得这样可能更能促进老师和家长帮助孩子进步。

王湖：

昨天我就受了老师的训，连同孩子带我自己。我是一个母亲，在老师眼里是不称职的母亲。回到家里，被孩子的爸爸训，我在他眼里也是不称职的母亲。所以，从早上到现在，我都在寻找答案。被老师训，真是一件痛苦的事情。而关键的，我用"你看怎么办？"这种语气将训转给孩子时，老师会更训。我知道孩子的老师是爱学生的，但我怎么样才能与她沟通？

淘猫妈：

如果遇到焦虑度过高的老师，我一般不会主动去与老师沟通。因为沟通的结果不是把老师的焦虑度传到我自己身上，就是让老师感到我与她对着干，所以我只会自己去解决我自己的问题，而不是想办法改变老师。

老师**不喜欢我的孩子，怎么办**

老师和父母分别担任着孩子"师长"的角色，其中任何一方不喜欢孩子，都会给孩子心灵的发展造成伤害。然而，好妈妈要胜过好老师，如果老师不喜欢我的孩子，那么妈妈就做好最坏结果出现的准备吧。

我收到一位家长朋友的信息，说她孩子在学校不被老师喜欢：

我的女儿今年上小学三年级，从上一年级开始孩子就不被班主任喜欢，因为孩子上课时爱说话、小动作多，有点儿动静都会把她的头吸引过去。班主任是位将要退休的老师，在她的思维意识中还是喜欢那种上课认真听讲、学习成绩好的学生（所有老师都喜欢这样的学生吧），因此我的女儿在课堂上经常被老师批，还被罚站……但从现在看来，孩子一方面非常惧怕老师，一方面又不得不天天面对老师。虽然上课纪律有所好转，但在老师的心目中离好学生还差得很远很远！为了少受老师的批评，或是讨好老师（我的理解），孩子又添了一个新的毛病，那就是数学作业抄同学的（班主任教数学）。为了这，昨天被她爸爸用长尺子打手了，因为在这之前有人告诉过我们，孩子也承认抄作业了（做完的作业再问她怎么做的她不会，不过我们没有告诉孩子），所以被她爸爸发现昨晚的数学作业又在抄同学的了。

以上这种情况，在小学生中很典型，所以我征求了这位妈妈的意见，把她这个问题在文章中公开了，好让更多的朋友们看到。下面是我对自己遇到这类问题时的分析，我猜我的心理活动应该与这位家长朋友的心态很相近，但愿这种类似的分析可以解答这位妈妈内心的疑惑。

调整自我心态

刚开始遇到这类问题时，我的第一个反应就是"急"，表现出来的是为孩子着急。但事情过后仔细考量才发现，"急"的真正本质是在为自己担心，担心老师认为我没有水平，担心在家人或是亲友面前因孩子的成绩、行为等原因使我失面子，再加上我从事的又是家庭教育工作，好像自己的孩子就应该是完美的，如果出现问题，就会让我感到自己的自我价值被贬低，从而让自己感到作为母亲、作为家庭教育老师这几方面都很失败。这种失落感是自己难以面对的，我不能承担这样的罪名，所以我个人的防御机制开始起作用。训诫、打骂孩子都是在这种心理状态下产生的。我想许多家长朋友打孩子之前的心理过程都多少与我这个过程相似，只是程度有所区别罢了。

解决方案：放掉孩子的问题，反过头来看自己的问题，真正地从根本上了解自己生气发怒的原因，看看自己真是一个自我价值不高的人，还是别的什么情况。如果真的是自己的自我价值有问题，就解决自己的问题好了，完全没有必要对孩子发火。如果发现并不是自己的自我价值有问题，防御机制也就不会被启动，这样面临孩子身上出现的问题也就不会发怒。这种心态是解决所有这类问题的心理基础。

用这种办法，我先搞定了自己，了解了自己的自我价值不需要孩子的成绩与行为来证明，孩子也不是我自己身上的装饰品。我开始把自己的视线从孩子身上移开，到自己的生活与工作中寻找体现自己价值的地方，这样做之后我的心态平稳了许多，无论面对老师还是面对孩子我都可以平静地处理一切。

面对孩子采用的思路与做法

当自我价值的问题解决后，就要选择如何面对孩子。我一开始采用的是让孩子忍，告诉孩子你并没有错，但面对老师你就忍了吧。其结果是虽然没有让孩子直接受到喝骂、痛打这样的伤害，但同样让孩子受到了心理伤害。要知道，在孩子的心目中家长是他唯一的保护伞，当这个强有力的保护伞说出这样的话时，对孩子而言无异于出卖。

另外家长还要明白，自己要解决的绝不只是眼前的这一个问题，而是要通过解决这个问题，让孩子明白今后遇到同类事情应该如何应对，家长对问题的处理也不可只考虑眼前，而要站在更高的层面，否则就为处理今后的问题留下后患。如当着孩子的面说老师不对的行为就会有这样的不良后果。家长在家里对孩子说，或是当着孩子的面对别的家人与朋友大谈老师的问题时（幸好我一直没有做过这一点），表面上孩子的情感得到认同，但同时有可能因为自己的行为潜移默化地培养出一个小批评家，这种"批评家"孩子将来走向社会也常常会出现与领导或是同事的关系不和，从而走上怀才不遇的境遇。我们培养的应该是一个建设者，既然这样我要先做到管住自己的嘴，不在老师面前出卖孩子，或是要求孩子顺从老师而让孩子感到被出卖，也不在孩子面前出卖老师。同类做法还有许多种，在这里我只举此一例来说明。

解决方案：接纳孩子的感受，并告诉孩子，你可以感受到孩子的无助、不安、伤心，以及背后的愤怒；也可以感受到孩子在这一切情绪背后的期许与爱的需要；你要告诉孩子，无论外面的人是否会给孩子爱，你都会把爱给他，让孩子感到家长对他的爱是无条件的，无论发生什么他都不会缺乏爱。只有这样孩子才会从这种环境挫折中得到应有的心理治疗，而不会因为这种挫折走向不自信或是过度反抗。这个过程不在于直接保护孩子，而在于让孩子感到自己并不孤独，有人懂我，我的家人、父母懂我，从而使孩子可以跟父母说心里话，便于家长更准确及时地了解孩子的内心。也可以通过这种述说，让孩子把内心里的负面情绪宣泄出来，为自己减压，达到把负面影响降低的目的。

面对老师采用的思路与做法

把自己的心态调整好后才可能去面对老师，跟老师进行沟通不可太急，否则结果会非常糟。在沟通中许多家长都会流露出与老师意见相左的态度，或是希望老师在平时工作中的做法有所改变。这样就会引起老师的心理防御机制，如果老师听到家长所说的这些，就会感到家长在向他的专业知识挑战，老师的心里就会感到自己的自我价值被家长质疑了，这也是一种自我价值的降低，这样一来老师的心理防御一旦打开，跟老师的所有沟通将是矛盾的冲突点，而非解决矛盾的平台。

解决方案：在跟老师沟通前我会先给自己作好心理调试，对可能面临的事情进行一次评估，使自己的心理承受力先被调动起来，而不是一遇问题先调动自己的防御机制。见到老师后先认同老师，使老师感受到自己被尊重，唤醒老师的高自我价值感。在这种情况下，老师会愿意多跟家长聊一聊，从这些闲聊中判断这位老师的教育理念与行为方式。在这一切都了解清楚后，才可以决定是进一步跟老师沟通下去，还是到此为止。

对于教育理念比较新、敢于尝试或是有一些心理学基础的老师，可以进行进一步的沟通，那时家长与老师会走到同一个阵营，共同面对孩子，解决在孩子教育上所遇到的问题的同时还可以保护孩子的心理。我女儿一二年级时的班主任就是一位这样的老师，与这类老师进行进一步的沟通可以说完全没有问题。

对于在新旧教育体制下思想摇摆的老师，沟通要有一定的分寸，这种老师是心理最痛苦的一批老师，这也是老师中的大多数。他们知道现代教育中的问题，也感到孩子们的不容易，但面对教学行政管理上的压力，他们有许多无奈。更重要的是，他们的心理焦虑度很高，因为他们要承受来自所在学校领导、同事、同行、家长、自己内心这五个方面的压力，却没有这方面的疏导，在高焦虑度的情况下，家长朋友想一想，你与老师的沟通效果会怎样？我认为除了增加其焦虑外别无益处，所以对这样的老师，家长朋友的沟通要适可而止。更多的是把力量花在调整好家长与孩子之间的亲子关系上从而影响孩子的行为，用孩子的行为影响孩子与老师间的关系。

对于那些深受传统教育思想制约的老师，家长能做的：一是停止沟通，这种沟通不但无效，而且可能会给孩子带来更多的伤害。再就是真正担当起孩子保护伞的角色，让孩子的自信心与自尊心在家里得到最大程度的保护，让孩子知道家是他在外受伤后可以为他提供安全疗伤的港湾。具体做法要视情况而定，无论怎么做，在做之前都应该做好充分的心理方面的准备，以便到了关键时刻可以做到该出手时就出手。

交 流 台

均均：

很受益。我家小孩子刚上一年级，刚开始也很担心他在学校的表现能不能让老师喜欢，不过现在觉得最重要的是让孩子快乐学习。

淘猫妈：

从我女儿上小学、中学，这一路走来，我的成长心得是：重要的不是去担心孩子能不能让老师喜欢，而是孩子是否可以真正地看到自己身上的价值，这比别人喜欢不喜欢她更重要。

青鸟：

分析得很有道理也很透彻，一路看下来受益匪浅！我会先从亲子关系上下手，更多地去了解和接受孩子的感受。您说得对：是不是好妈妈，让孩子来评判吧！

message ④

学习应对老师与孩子的矛盾

每个孩子都不可能获得所有人的喜欢，但如果不喜欢你孩子的人，恰好是孩子的老师，孩子和家长恐怕就要走上一段"艰难"的旅程了。成绩下降，孩子性格变化，家长被"召见"，可能就会接踵而来。为了孩子更好地成长，也为了家长和老师更好地沟通，父母应该了解一些应对老师与孩子矛盾的方法。

💜 积极创设老师需要的环境

优点：可以满足老师在工作中的具体需求，帮助老师降低其不应有的行政工作压力。效果好，过程自然，在整个过程中，家长是以一种正常的身份参与学校的工作。

缺点：如果遇到沟通不畅的老师，这样做可能会给老师带来对家长不好的印象，老师会认为家长喜欢花招子，从而更不喜欢这个孩子。家长要做到这点，就要对老师的工作有所了解，并有一定的心理学知识，这样便于了解老师们的心理。此办法操作起来有一定难度。再就是这种事不是做一次就完了，而是要长期坚持，这对家长的精力与时间的投入都是一种考验。

难度系数：5

效果系数：3~7不等

综合指数：★★★★★☆☆☆☆☆

我自己的实际操作案例是：

　　我希望孩子上了三年级一切都会顺利，所有的老师都换了，还知道新换上来的班主任是从六年级下来的优秀语文教师，她带的班成绩很好……真是新学期新开始。可能因为我当时是一位全职妈妈，有一定的空闲时间，也就一直都是这个班的家长委员。这一身份使我有幸与新班主任有过几次比较亲密的接触，在接触中我发现了问题。

　　一次，忘记当时开始聊什么内容来着，反正后来话题就转到了孩子在班上与同学相处的问题上来了。这位新班主任对我说："孩子在班上的位置都是孩子自己应得的，别人谁也帮不了他。我刚教过的一个女孩儿，她在课间时总是被别的同学欺负，有时还会被别人踢几脚，她家长总来找，这事我怎么管？我当然可以说那些踢她的孩子，可我看不见时，她不照样被人打吗？为什么别的同学总打她，那是她自己的问题！她自己学习不好，别的同学难道看不出来？街上那些乞丐别人看见了不也是想打就打吗！"这段话让我心里很不舒服，但没想到的是这些事情在将来的日子里也差点落在我女儿的身上！

　　这天孩子开完运动会回家后对我说："妈妈，我们班在这次运动会上得了第二名！"我说："真好，能得第二名很不容易，你们一共八个班哩。""我们老师说'不好'，说我们得了第二名还有脸笑！她过去教的班，如果得了第二名，下面是哭声一片，没有一个同学会抬着头！她说我们不知羞耻，还说干什么都得当第一，当不上第一就不成……为这事她整整训了我们一节课，后来好多同学都哭了。"听到这一切，我开始紧张起来，忙问她："你哭了吗？""没有，就我没哭，第二名不是挺好的吗？干吗要哭呀？您不也说得了第二名挺好的吗？"她奇怪地看着我。"噢，是挺好的，你们老师希望你们可以更好吧。"我不知所措地搭着话，把这事岔了过去，孩子也没再问。

　　可我心里已完完全全明白孩子这次遇到的是一位唯以成绩论英

雄的老师，也知道了她带的班里会有同学可以随便打学习成绩不好的孩子的原因，更知道在此前那次谈话中这位老师为什么会有那样一番言论。这一切都让我很紧张，要知道就我女儿这种情况，在学习成绩上是不会占得先机的。她的动作慢、左右手动作不协调是需要长期锻炼的，这种情况只能是慢慢改善，能改善到什么情况谁也说不好，能做的只有坚定地走下去。孩子需要的只有信心与毅力，我要追求的是孩子自身的不懈努力，为未来拼搏的勇气，而不是眼下这一点点成绩。

想到这些，我决定把孩子自身的一些特殊情况告诉老师，好让老师明白我的要求，以便她在追求成绩的同时，为女儿另开别门，放她一马。就在这次找老师的过程中，班主任所说的一些话使我彻底打消了这个念头。那次我被班主任"请"去，主要是孩子在字词上总出一些顽固性的错误，这让老师很生气，而我打算借此机会告诉老师自己孩子的一些身体情况……老师一见到我就说："您来了，看看这孩子这几天的作业这几个字错了多少次！这些都是她改的，可是听写还是错，您得让这个孩子多练，要盯着她，她就是不用心！咱家的孩子又不像克克似的，他是个傻孩子，咱们怎么也不能跟一个傻子学吧……"

听了她说的一切，我把自己想说的话全都咽进肚子了，我不想自己的孩子成为她嘴里的第二个傻子。要知道我跟克克家是邻居，对这个孩子的情况非常了解，他很不幸，孩子的妈妈因为意外受到了大量的辐射。为了安全起见，他妈妈过了五年才要了克克这个孩子，但不幸还是发生了，这个孩子从小无论智力还是行为都有一定的问题。这是这一家人永远的痛，却变成了这位老师嘴里的"小傻子"，满世界地跟别人宣扬，生怕别人不知道而使这孩子成绩不好的污点落在她的身上，面对这样的老师我无语……

但孩子还要面对这样的老师，我更知道这位班主任这次接班就会一直带着女儿的班级升到六年级小学毕业，还有漫长的四年时间，我必须处理好与这位老师的关系。每当我被她请到学校，一方面当着她的面我很听话，"配合"她的工作；另一方面我总是对孩子说老师说你还不错……就这样两边抹着稀泥等待着与老师拉关系的时机……

机会终于出现了，班主任说学校要办才艺表演，每个班都要出节目，可是老师说她没有这方面的经验，让大家都帮她想招儿。我想：这位老师那么喜欢第一，我帮她得个第一，讨好讨好她，这对她应该没有什么坏处吧。想到这我便行动起来，先与班主任联系告诉她我这里可以帮她搞定一切，然后是选故事、改剧本、找角色定位，会弹琴的配乐，会跳的伴舞，会画的画道具，手巧的做道具，有条理的管布景，朗读好的上旁白，顽皮的、会模仿的演主角，其他所有同学通通都上场当配角、当活动布景、当伴唱……我用自己认同的教育理念，给了每个孩子一个属于他自己的角色，用这种办法体现为每个孩子创造属于他们自己的机会与位置，前面提到的克克也不例外，他同样得到了一个属于他的群众角色。这个演出大获成功，不只是全年级第一名，而且是全校的特别奖，节目还被区里录像，成为素质教育的具体范例。因为无论是教育思想还是创意，或是所有孩子都参加演出的教育理念都合上了领导的拍子，这一切让班主任真的是高看我一眼，见面对我客气了许多，还跟我有了进一步的沟通。借此机会，我便把自己是一个不太关注孩子成绩的家长，更关心的是孩子自己管理自己的能力的想法告诉了她。如果事情只看到这一步，我想，自己的"讨好"之计可以说是有功效的，完全符合"积极创设老师需要的环境"这条，只可惜我自己的活案例并没有在这个好结果上止步，而是为今后事情的发展埋下了祸根！不过这是后话，仅看"积极创设老师需要的环境"应该算是功德圆满了。

❤ 有对抗含义类办法

A、请假

优点：操作起来容易，只要家长能找到关系，总是可以给孩子搞到假条，可以避免老师因常见到孩子后对其产生的不满意情绪。也可以避免孩子因总见到老师不喜欢自己而产生的不愉快。对孩子心情放松的效果比较好。

缺点：必须真的找到一个合理的请假理由，此办法不可常用，否则会引起孩子的心理问题。有的孩子在这种情况下，会引发其继发获益（所谓继发获益是指，孩子从这种不得已的处理办法中尝到甜头，从而主动用一些办法，如真的生病、伤害自己等，而获得医院假条，不去上学）。这样问题就从心理变成心理和生理两方面的问题了。孩子请假不上课期间，家长要对孩子在家的生活有一个全面的安排，作息时间也要跟学校一致，在操作上必须落到实处，否则会让孩子在这段时间里养成不好的生活与学习习惯，这对孩子今后的生活与学习会有巨大的影响。要做到这点，家长就要有巨大的时间与精力投入，操作难度比较大。此外，还要求家长有一定的心理学知识及一定的学科知识，一旦操作不当，给孩子带来的后果更不好，家长需要谨慎使用此类办法。

难度系数：6

效果系数：2~8不等

综合指数：★★★★★☆☆☆☆☆

还是用我个人的例子来体现这个办法吧：

我女儿上小学一二年级时，数学老师不喜欢她，我与老师沟通之后没有两三周，情况就又回到了原点。但也有些不同，由于我不再怪孩子，我与孩子之间的关系得到了一定的恢复。孩子回家后常常说起学校发生的事：数学老师对别人总是没有笑容，她只喜欢聪明的同学，喜欢男同学；女儿乘法口诀说成了"二六一十二"，而没说成"二六十二"，老师就会训她，说她上课没听讲。她还说因为自己的作业写得慢，老师总说她；同班的某某同学又被数学老师"请"出了教室；克克又"闹"了数学课堂……我就在这个"小话筒"的广播中无奈地听着、等着，终于一件突发事件使我认为事情不能再这样下去了：

当时是2001年6月8日的下午，我因为临时有事，没有与老师联系就赶到孩子所在的班级，正因为如此，我看到了孩子真实的学校生活，她正站在全班同学面前被数学老师训斥。当老师看见我后就说："您来得正好！"接着她又转过头去当着我的面训斥着孩子。我站在那里走也不是，留也不是，只能干站着。也就是说，老师当着全班三四十位孩子的面，训斥了我们母女两人。当时我不仅感到自己的自尊心受到伤害，也同样体会到了孩子真正的感受，更使我知道了孩子怕数学老师的原因，因为此时的我也怕她。当老师离开教室后，我跟随着老师，把刚才自己的感受告诉她，并说，自己明白了为什么我的女儿不喜欢她，之后便愤然离开学校。当时我只在想一件事，赶快让这学期结束，因为我知道按学校的规定下学期女儿他们这个年级要换老师。

回到家中我经过仔细考虑，决定"逃课"，这样做需要一个好的理由，想来想去，我想起有一个"顺理成章"的理由可以选用，孩子在二年级第二学期开学不久大病过一场，开始说是白血病，后来才知道是一场虚惊。第二天早上，我就没有让孩子去学校，跟她说医院要我去一下，是关于她身体复查的事，然后我就外出了，让孩子在家等我。中午回来时，我对孩子说："医生说你的病还没有好，不让你去学校了，让你在家休息。你能一边休息，一边在家自学吗？因为你的身体好后还是要去学校的，我可不希望看到你回到学校后，学习上掉队哟。"孩子很高兴地答应了。

孩子这边安排好后，我当晚就给她的数学老师写了一封长长的信（到现在这封信还在我的电脑里）。在信中我告诉了她前一天我在班上被训时的感受，并说我不会再让孩子去学校上课，直到期末考试结束。所有卷子都请同学帮忙带回家，我们会在家自学。学校的大考会去，但考完孩子就回家，不再去上课。

这事很快被他们班主任老师知道，她打来电话说："如果一个孩子就这样一下缺两个多月的课，还没有假条，学校一定会调查的。"那位数学老师也因为我的这个决定有些慌了，她打电话来道歉，希望孩子回到学校去。我与班主任的沟通很顺利，但并没有改变我的想法，因为班主任老师转述的一句话引起了我的注意。她说，数学老师表示以后再也不管你的孩子了。我说："不对，老师，管孩子、教育孩子是每位老师的工作与责任，对于孩子不是不管，而是要管理得法，为了自己的虚荣心与面子，或是什么老师自己的威严，那不是在管孩子，而是打着管孩子的名义害孩子。所以我感谢您能打电话来，邀请我的孩子回去上学，但我是绝不会这样送孩子回去的！我也不会让班主任老师为难，所以会给学校交一张病假条。"

就这样，女儿二年级提前结束了。所有考试她都参加，但没有再去学校上课。因为女儿上的小学也是我自己的母校，因此我与这所学校的许多老师都很熟，校长、主任都曾教过我，还有些老师就是我小学的同学，这一切让我对学校的一些安排比较清楚，他们会在二年级结束后更换这一年级所有老师的事，我在孩子上小学一年级时就已清楚。之所以在这个时间选择用这种方式让孩子提前离开学校，也是我仔细考虑后的决定，我必须给孩子一个说得过去的理由，不能让孩子感受到是因为她与老师关系不好而逃跑。要知道，如果孩子明白这一切，以后遇到这种事我又应该怎么办呢，我可不想让孩子感到，妈妈可以帮她处理一切或是逃跑就可以解决问题。这就是我帮孩子逃课的经历。由于逃课这件事我处理得比较妥当，孩子在家自学期间并没有放任自流。到三年级时，女儿平稳地完成了从家返校的过程。可以说这一办法在我女儿身上，对保护孩子起到了一定的好作用。

B.转学

优点：使孩子可以换一个全新的环境，不让旧学校里产生的问题跟随其成长，这样老师对孩子身边环境的影响也会削减为零，孩子可以从头再来。

缺点：操作起来比较难，孩子要上学时，一般家长都会选择一个综合评分比较高的学校让孩子入学，谁也不会想到要为孩子上学后出现问题打个伏笔。现在出现新情况了，家长面临要再选一次，一般只有退而求其次，这样的选择总会在一些方面可能不尽如家长之意。再就是这种转学也会有一大笔资金支出，这对家长来说是一笔不小的额外经济负担。还有孩子也要面临融入新学校、新环境的情况，如果孩子对环境不适应，可能会出现转一次学孩子退步一些的情况。

难度系数：3~7不等

效果系数：2~8不等

综合指数：★★★★★☆☆☆☆

这种办法我自己没有采用过，但找我咨询的家长朋友们中有不少用过此方法，这里的系数与指数设定我便以这些案例为参照。我在这里举一个典型的案例，这件事可是经过男男妈妈同意我才写出来的！

　　男男和他妈妈又与我见面了。这次的男男已快乐了许多，半年前的他，见到成人就向后缩，与成人接触时不是低着头，就是睁着一双茫然的大眼睛，一副无所适从的样子。看到孩子现在的状态，我真的很为这对母子高兴，男男转学成功了。

　　男男小的时候由老人带大，由于此阶段养育得过于仔细，孩子身上感觉统合方面一直没有得到很好的锻炼。上小学后，男男的问题开始集中暴露出来。虽然他的动作慢、注意力不集中、好动、出错率高等问题一直很突出，但在一二年级时，男男的班主任是一位对幼小衔接很有经验的老师，她并没过分强调男男身上的问题，所以孩子与老师、同学间的关系都相处得不错。可三年级换了班主任之后情况大不相同了。新班主任是一位刚带完毕业班的老师，面对自己所带的六年级与三年级学生特质的差别，她很不适应，因此对学生们的要求比较高。男男在原来的环境中，还可以放松地"浑水摸鱼"，在新的环境中则变成了重点教育对象：天天被批评；训别的学生时也不忘记说男男几句；常常让别的同学给男男家长带"口信儿"等等。学生们在这种生活与学习氛围下，也多多少少受到了老师行为的心理暗示。这一切，不只造成男男过于怕老师的问题，还使男男身边的朋友越来越少，同学都不愿意跟他玩儿，就算是在一起玩了，也常常会说男男笨。

男男妈妈发现孩子学习成绩下降，原来中等学习成绩的男男，开学只几个月就降到了全班后几名。她也感觉到男男很不开心，最重要的是，她常常收到老师托别的同学给她带来的"口信儿"，在同学转达老师"口信儿"的同时，妈妈也感觉到同学对男男的看法都非常不好，这使这位母亲知道了孩子不开心的原因，也因此走进了我的咨询室。在与男男沟通过之后，我又单独与男男妈妈有过几次接触，最后这位母亲告诉我，她决定让男男转学。

我认为这个决定对男男是必要而积极的，就男男当时的情况而言，他已处于一个完全孤立的状态，有些同学出现了对男男随便动手的情况。同学中有着许多小圈子，可没有任何一个圈子愿意接受男男。为了得到朋友，男男经常会带一些小东西去讨好同学，可回来后还是感到很受伤。他也会在同学的"鼓励"下去做一些"非理智"的事，其目的是为了不失去朋友。男男自己也知道这种行为不应该，会让老师反感，会让老师找家长，但为了不失去朋友，他还是会这样做。这样下去，时间长了男男就变成真正意义上的"差生"，被推到"不良少年"的圈子里。只有转学才能使男男彻底摆脱这一切，寻得一个新的起点。

男男转学过程很成功，做到这点并不是把孩子转到新学校这么简单。这位妈妈为了能让孩子转学，同时不给孩子产生逃避原来环境的感受，她在找到接收男男的新学校后，先在这个学校附近找到了一家新的工作单位，然后她先调动自己的工作，办好这一切用了近三个月的时间。等这一切办妥，她对男男说："因为妈妈有了一份新工作，现在的学校离妈妈新工作的地点太远，妈妈每天接送你不方便，所以想让你转一所新学校。"

这位妈妈除了提前跟孩子说了以上这些话之外，还跟孩子讨论他不喜欢现在这所学校的哪些地方；如果在新学校里又遇到旧问题应该怎么办；现在自己的处境与自己的什么行为有一定关系，如果到新环境中怎样做就可以避免出现旧问题……

男男妈妈的这些行为都有一个很强的心理暗示：一、转学不是因为孩子在学校的处境不好，而是因为妈妈工作上的原因，从而避免给孩子可以逃避环境的想法；二、告诉孩子在新环境中如果自己不改变还是会遇到老问题，从而促使孩子在自我改变上下工夫，避免孩子对现在老师与同学的抱怨；三、告诉孩子在问题出现前就可以总结，加以预防，从而达到让孩子多思考的目的。

在这一切都办好后，男男妈妈等到一个学期结束后便让儿子与自己的同学、老师道别，说因为妈妈工作的原因自己要转学。这样孩子在一种愉快的心理状态下转到新学校，由于前面的这些铺垫做得到位，男男对新学校、新老师、新同学没有过多的期待，所以出现与以前的学校相同的问题时，孩子没有过分地沮丧。此外，因为男男对可能出现的问题有了一些心理准备，他也进行了一些前期的调整，到新学校后，他的朋友虽然不算多，但也绝对不是一个朋友都没有。他也可以与自己小圈子里的同学一起到老师面前去凑凑热闹，见到老师也不再是一味害怕。男男的学习成绩还是不太高，感觉统合问题也还是有，写作业的速度依然比较慢，但这一切都没有使男男的处境变得与在以前的学校一样，因为环境整体改变了，孩子快乐了，与老师亲近了，老师也就看到孩子除学习成绩以外的特质。这次成功转学，为男男走出原来的心理阴影、转入良性学习环境打下了扎实的基础。我想这算得上是一个成功转学的典型案例了。

C.换老师

优点：最有效地保护孩子这一弱小群体，解决矛盾比较干净，效果很好。

缺点：这种换老师的情况要得到多数家长支持才可以达成，操

作起来很不容易，证据搜集也比较难。家长们普遍都有投鼠忌器的心理，如果不是这位老师有很明显的问题，只针对一个孩子的情况如果达不到人身伤害的程度，很难达成。闹得太厉害还会有一定的后遗症，如：别的老师不愿意接这个班，怕谁接这个班谁接屎盆子。再就是这种事不可让孩子们知道和参与，否则会给孩子错觉，认为父母可以为自己搞定一切。这是孩子今后成长的大忌！

难度系数：8

效果系数：8

综合指数：★★★★★★★★☆☆

我自己在这方面的亲身经历依然是面对女儿三年级时的班主任老师：

在本章本节的"积极创设老师需要的环境"中，我只谈了事情的前半部分，在这里我来讲讲这件事的最后的结果。由于我自己与女儿班主任老师的教育理念有着根本的区别，而我又不可能改变老师，因此我便采用接纳孩子感受的办法，女儿对我的信任度又高起来，我们母女俩的关系被修复了。虽然在"积极创设老师需要的环境"中为班主任老师赢得了第一，并借机转达了我想让孩子学习"自己管理自己"的教育理念，但由于基本的教育理念相左，我跟班主任老师的关系并没有因为这次第一而有所改善，反而因为我的这次出头，让班主任老师更加"关注"我的女儿了。这样一来，孩子的语文成绩越来越差，没想到的是她的数学反而好起来了。一天，我与一位学校里的老师朋友聊天，她无意间问我："你家孩子怎么得罪他们班主任了？"我赶紧说："没有呀！"为了不给孩子内心留下更多的阴影，也为了使这种复杂的局面可以简单一些，我一直没有对任何人主动谈起孩子与老师之间的事。所以当这位朋友问我时，我下意识地赶快否认。"那为什么今天上午×老师（我隐去了班主任的姓氏）跑进我们办公室时嘴里大声嚷嚷着：'×××（我女儿的大名）数学怎么可能考了95分？是谁批的卷子？'我跟她说：'这次全年级最高分只有97，你们班的孩子考得好你还不高兴？'她没理我。要不是你家孩子得罪她了，她会这样？她认分比认命都重要！"

这样一来，我只好把孩子与老师之间所发生的事情讲给这位老师朋友听。她说现在学校以及教育部门对这种事查得很紧，只要有证据投诉就可以成功。她还告诉我："你不能只把眼睛盯在自己孩子与老师之间发生的事上，而应该放到全班去，这样的人一定不会只对你家孩子这样，对别人也会这样，如果有这方面的证据，别的家长一支持，就可以做到换老师。"

经这位老师朋友的提醒，从此以后，我开始认真地关注孩子班级里发生的事情。一天我遇到女儿的同班同学琦琦的妈妈，她告诉我她的女儿跟她说不想去学校，因为很怕班主任。后来跟凡凡的妈妈闲谈时，她告诉我她儿子用"粗暴、偏执"这种词来形容他们的班主任老师，再后来叶子妈妈……我把这些家长跟我所说的话一一记录下来，并向他们了解了其内心真实的想法，等待着自己出手的时机……

　　突然有一天，我发现在孩子的作业本上出现了：狗屎、笨蛋……这样的字迹，都是孩子们的字体，确定不是我女儿自己写的，问她后得知是她的同学在她本子上写的，看来孩子的噩梦真的开始了，问题已不限于没有朋友这么简单。这位老师原来所带的班里的恶习又要开始，这次那个可以被别人随意羞辱的孩子变成了我女儿……我不能让那个女孩子的噩梦在我家孩子身上重演！是该表明态度的时候了。我找到了老师明确谈了这件事，结果一点也不出我的意料，老师客气地笑着说："那都是孩子们淘气，我已说过他们了。"然后就没有下文了。我知道这次阐明立场的结果已不再是向她要什么下文了，而是一定要换掉这位老师！

　　不久我被迫再次表明自己的教育立场。因为期中考试后，老师很"巧妙"地给了我女儿很高的评语的同时，在她有效的心理暗示或是"有效引导"下，几乎所有同学都给了我女儿一个很差的评语。这样一来，在孩子的期中综合评定中，女儿的评分变得极差。班主任老师这样做的目的是，让我看清，老师对孩子没有任何偏见，她不好是她自己的问题，同学的"眼睛是雪亮"的，这样差的评分跟老师没有任何关系。由于我笃定要换掉这位老师，就直接给班主任老师写了一封信，直接告诉她："这样的结果，从表面上看，好像是因为同学都不喜欢我孩子，而使她的期中总评分很差。但这个结果并不能使老师您逃避不良引导之嫌，如果真的没有不良引导，就说明老师面对这类事情无作为，身为一名教师可以对这样的事无作为就已失去了教师应有的责任！"

没几天，我看到孩子在她的日记本上写了篇新日记，说是老师让同学改错，改不对就对学生乱嚷嚷，乱嚷嚷是缺点，为什么老师教学生20多年了这个缺点都不改，可是我们的错误没改对就要被她训，是不是老师身上的错就可以不改，而孩子身上就不能有错？看到这篇日记，我知道一定发生了什么，一问才知道，原来班里的一名同学的试卷没有改好，老师就把这名学生的卷子给撕了。

我知道自己等的机会终于出现了。当天晚上，我在孩子睡下之后，便打电话给这名卷子被撕的孩子的家长落实此事，然后我又联系了20多名家长，当然包括我前面提到过的那几位妈妈，向他们征求意见，并告诉他们我想通过这件事，要求学校在下学期给孩子们换一位班主任，在得到他们认同后，我又给几位媒体的记者朋友打了电话，以求得他们的帮助。第二天，我带着女儿被别人乱写的作业本、被撕的日记本（这位班主任老师还撕毁过孩子的日记）、期中的评定手册中写给班主任的信，再就是从那些家长口中所了解到的一些事实及联系过的20多位家长的名单与联系方式找到校长反映情况。

没想到的是，校长在我到达学校之前已早早地知道了情况，告诉她这些情况的正是女儿的班主任老师，原来那位卷子被撕的孩子的妈妈在与我联系后出于一种说不清的复杂心理又反过头来跟班主任老师打电话汇报了此事。结果班主任老师一大早上课便向那名学生道歉，并把这事汇报给了校长，所以校长一开始对我的态度很不好，认定我是一个找事的家长，大半夜里联络家长给学校找事。但当我把孩子的日记拿给她看，并把那20多位家长的联系方式告诉她，请校长自己向家长们了解这位老师的行为时，校长有些迟疑，说他们要再研究一下。

我的记者朋友们这时起到了关键作用。他们先于校领导采访了我所提供的名单上的家长，向他们了解了班主任平常的所作所为，又拿着采访好的内容去邀约采访校长，其主题指向是：师源性伤害。这一切给学校造成了很大的压力，再加上许多事都在家长那边得到了证实，所以第三天学校给我的回复是答应我在下学期换班主任的要求，但条件是我不得向媒体披露此事，我的目的达到了，也就答应了校方的要求。其实答应学校的要求还在其次，我之所以决定对此事保守秘密的原因还是为了让孩子更好地成长，不让孩子了解整个换老师的过程，才可以使女儿学会凡事应该从自己身上找问题、找答案，不可以全靠妈妈帮自己过滤属于自己的生活，不可以什么事都依赖妈妈替自己出头解决问题。如果出现这样的结果，不是我的教育成功，而是一个大大的失败，只此一点，我也会答应学校的要求。回家后，我通知各路媒体朋友们给我的母校留点颜面不要再提此事，并跟他们约好，此事已过，无论有没有孩子，以后不再谈论此事。就这样我完成了一个不可能完成的任务，让这位班主任提前三年下课！（现在孩子已大了，有了自己的看法与主张，而且她离开小学已多年，一些当事领导、老师的岗位都已有所变化，我才把这一内容写出来，目的不是说谁的对错是非，而是通过这件事，让家长朋友可以从中学到些经验与教训。为了对得起自己当年的承诺，我还是隐去了孩子所上小学的真实名称，也隐去了当事老师们的姓名。）

💙 超理智类办法

优点：让孩子在这种事件中认识到自身的价值与特点，从中学会根据自己的特点来面对老师，不妄自尊大也不妄自菲薄，使孩子的课业成绩跟着孩子自己的学习状态走，而不是跟着老师喜欢不喜欢自己的心情走。就效果而言，稳定而持久，可以做到孩子无论遇到什么样的老师都可以处理得很好。

缺点：要求家长与老师发生问题时要有一个长远的眼光，有自我调节心理的能力，不怕眼前的问题，在条件允许的情况下，让孩子体验与老师相处的过程。一方面要保护孩子，另一方面又要让孩子体验，掌握这个度是操作中的难中之难。要明白什么时候自己不应该出手，什么时候自己非出手不可。再就是一旦自己出手，那后面的教育应该如何进行，如何操作，都是具体操作者应该想到与考虑到的，否则无论这位老师是否下课，对教育孩子都不利。要做到这一点是一个长期的过程，是家长自己心理成长的过程。对于那些想省事、想立竿见影的家长朋友们而言，这些无疑是这种做法的一个大大的缺点，它的时间太长、见效很慢，在许多情况下，如果只看局部，可能不是打赢了，而是吃亏了。

难度系数：10

效果系数：10

综合指数：★★★★★★★★★★

这种办法是我自己修炼与追求的方向。到现在为止，我自己还在修炼之中。之所以给这种办法评这么高的分值，是因为，它虽然难度大，但却是一个双赢或说是多赢的办法。无论对孩子、对家长还是对老师都是一种成长，当人人都可以从事件中获得成长时，我认为就是一种最好的办法。

🧑 交流台

青鸟：

孩子有您这样的妈妈是幸福的！我们有同样问题的家长能有您这样的朋友也是幸运的！

清风：

据我所知，目前有很多家长遇到这类事不知道如何处理才好，因为弄不好就会惹更多的麻烦。我想你的文章对他们来说会有很多值得借鉴的地方。谢谢！

网友：

看到过一句话：孩子在学校受到的伤害，有可能在家庭中得到弥补；但是，孩子在家庭中受到的伤害，就很难或者不太可能在学校中得到弥补。猫妈怎么看这句话？

淘猫妈：

我认为这句话有一定的道理，但还不够全面。其实家长也要知道，孩子在家庭中受到的伤害，学校是不太可能弥补，但家庭还是可以弥补的。只要家长发现自己伤害了孩子，并愿意改变与成长，这种伤害就可以得到弥补。

再就是也要看到孩子自身也有向上的力量。许多人小的时候所受的家庭教育都不那么尽如人意，但长大之后并没有产生什么大问题，这是因为，人总是有一种向上的力量，当自己不愿意让自己小时候的噩梦重现时，他就会从自己的内心里爆发出一股力量，一股不断成长的力量。这就是一个人的自我修补功能。

所以，要相信一切事情都会有其积极的一面，面对一切事情都会有选择，这种心态才是最重要的，当我们感到自己无从选择时，才是最麻烦的时候。一定要让孩子感到他们自己是有希望的，是可以选择的。这样孩子就会有力量，就会有一种向上的力量。

message 5

"家访"——想说爱你却不容易

"家访"曾经是老师和家长交流的重要途径，如今随着交流方式的增多、父母教育知识的增多以及老师与家长教育理念相左等原因，"家访"越来越少。现代老师和父母对"家访"的感觉，也只能以"想说爱你却不容易"来表述了。

有一位家长问我："请问，淘猫妈，我的孩子已上二年级了，可老师都没有进行过一次家访，不知别的学校是不是也一样？我记得，我上学的时候老师经常会家访的。"

我是这样回答的："家访"——想说爱你却不容易！因为这不只是走访与被访，每次接待家访都是一次教育观念交流的机会，当观念相同、相近、相辅相成时，你感受到的是欣喜与提高，孩子在今后的学习与生活中感受到的是愉快与宽松。当观念相左时，家长最多感受到的是与老师无法沟通，孩子可就惨了，他的生活与学习会因此一步步变得一团糟。

这个问题，让我想起了自己与"家访"之间的一段经历：

现在北京许多幼儿园和小学都会要求老师家访，我的猫窝又离女儿所上的幼儿园和小学很近，因此一直都有机会接受老师的造访，但每次家访对我与孩子的感觉及我们今后的生活都有极大的影响。

当孩子从小托班转入幼儿园小班时，孩子的班主任老师来到了我家里，她一方面向我了解一些家庭背景情况，另一方面向我了解家

长对孩子的希望及孩子的特点。当我得知孩子上托班一年来一直很孤独，不与任何小朋友交流，我希望在这一点上有所改变时，老师便表示，她会在这个方面多多配合。

以后的半年多，可以说是女儿改变最快的半年，她开朗了、自信了、在班里有好朋友了，连邻居们和同事们都说这孩子跟过去不一样了。这样的结果使人欣喜，也使我喜欢老师家访的制度。

孩子进入小学，班主任老师又一次家访，了解孩子的特点与家庭背景，我们从此交上了朋友，经常是一起交流教育经验。班主任的孩子与我女儿只差1岁，在我与老师谈话时，孩子们在一起玩耍。后来发展到同班的几位家长轮流坐庄，计划好周末活动，几乎全班家长都带着自己的孩子参加，班主任老师也会带上自己的女儿步入我们活动的行列。在共游之时，大家都能与老师充分交流。为此，我还为女儿所在的班级办了一份《娃娃周报》，在这位老师教学的两年间，女儿在学校的情况都很好。

进入三年级后，我们迎来了新班主任，孩子进入了新环境。老师虽然没有家访，却有不少与我沟通的机会。在沟通时知道我女儿一直在进行自我管理，她很不以为然，认为孩子每天的作业家长必须看，作业不能有错；所有的作文必须按她的要求写，孩子不得任意写；每天上学用的文具都要家长检查，家长签字；只要孩子在这些方面出了问题，就是家长没有尽职尽责。

　　而我的家庭情况比较特殊，先生长期在外地工作，说句玩笑话"孩子是在准单亲环境下长大"的。我在孩子上二年级时开始坐班，因此，只能锻炼孩子自我管理的能力。一年多的训练中，一个8岁多的孩子会自己做饭，能自己收拾房间，能在没有大人的情况下自己完成作业……这些都已让我很感动了。当然女儿做这些事时，不可能尽善尽美。一是因为她还只是一个孩子，我不能苛求于她；二是我家这种情况在短时间里不可能改变；三是我认为"穷人的孩子早当家"，与其我不断地为孩子创造不属于她的生活，不如让孩子逐步认识自己生活的环境并习惯它——孩子就是在这种自主的环境中长大的。

　　当老师知道这些后，经常把我找到学校，把孩子作业与考试中的错误给我看，让我回家帮助孩子，并告诉我别人家的父母对孩子有多重视，言下之意是，我不是一位称职的妈妈……

　　这使我很不快，也很紧张。从此以后，我开始把眼睛盯在孩子的作业与学习成绩上，并对孩子采用了从老师那里学来的一套管理模式。说也奇怪，我盯得越紧孩子的成绩越差，还越不喜欢学习。经过一段时间的家长管理，孩子的学习成绩直线下滑，最后语文、数学都出现了四五十分的情况，甚至连她最喜欢的英语也出现了不及格。要知道孩子的英语几乎是自学成才的，1周岁零3个月开始自学英语，到上小学前，她一直都看英文原版电影与图书，因为我是英语盲，她所有的英语老师，都是自己在大街上找到的。现在这一切都变了，英语这门最值得孩子骄傲的课也完了。

这还不是最坏的，后来女儿开始不完成作业，不带齐学习用具，最后孩子对我的管理也开始反抗，以前我们之间的那种默契再也没有了。经过多次与女儿的交锋后，我放弃了，并对孩子说，咱们还是进行自我教育吧，学习是你自己的事，你自己安排，只是有一点，不论你作出什么样的安排，自己都要为它承担后果。

从此以后，我又回到了原来的生活轨迹，孩子的生活好像也轻松了许多。到学期末，孩子没再出现不完成作业的情况，期末成绩数学回升到90多分，语文回升到80多分，英语又回到了全班前几名。面对这种情况我还算满意，认为孩子大了懂事了，一切也都过去了。

没想到的是班主任老师对女儿80多分的语文成绩非常不满。她找孩子谈话，对她说："跟你家长说，什么自我教育，这根本不行，看看你的成绩，回家好好跟你妈说，这样当家长可不行！"这些话是孩子后来与老师闹翻后，我才知道的。也正是这句话，让孩子在三年级的下半学期开始与班主任老师作对。

三年级后半学期一开始，老师让学生们包本皮，孩子马上回家写一篇作文说包本皮不好，这样做不环保。不久老师说要带全班去植树，孩子回家又写了篇作文，说这种植树是假植树，年年植树从来都不去照顾小树，这样植的树会死，这种是假植树。老师因班里一些同学上课说话，不让这些同学上下节课，她又回家写作文说老师这样做不对，不论同学们说话与否都应该去上下节课。这篇文章被老师撕了，她又回家写老师撕她的本子不对，还写老师总是把她改错没改对的本子扔在地上，并说老师这样做是错的，为什么老师有错几十年都可以不改，而她写错字没改对，老师就可以乱发脾气、乱扔本……

事情就这样一点点变化着，三年级的班主任走了，四年级的新班主任来了，当然新老师又开始了她的家访工作……

面对我与孩子走过的这几年的家访经历，我不知说什么好。因为通过家访与老师有了充分的沟通，孩子有了一个特别好的环境，在这个环境里她向良性的方向成长。也是因为家访与老师的充分沟通，使老师看清了我与她之间在教育观念上存在的差别，老师想改变我的教育观念从而改变孩子，结果孩子却陷入了痛苦之中。（在我第一次接受老师家访时，就有朋友提醒我，别对老师太真心，只要老师发现你与她的教育思想不一样，你的孩子准倒霉！）

这就是我所走过的家访历程，我想对家访说：想说爱你却很不容易！要知道"成也萧何，败也萧何"呀！面对家访，我认为家长朋友需要认真而慎重地对待，不一定所有的家访都会有好结果，这一切还要看自己的教育理念与老师的教育理念是否一致才成，否则可能会适得其反。

Part 6

家长应该知道的
教育那些事儿

面对孩子的教育问题，最关键的点不是如何教育孩子，而是如何面对自己。家长只有了解自己的心态，了解自己的心理，才会让孩子有一片不一样的天空。教育孩子的过程，也是家长朋友自身成长的过程。家长自我成长才是教育好孩子的基础。

message **1**

成长是一辈子的事

父母在教育孩子时，因为看到过孩子的每一点进步和每一次错误，所以父母的目光更多的是关注孩子的进步和错误上，忽视了自己在要求孩子时的内心：到底是想要帮助孩子，还是只是因为家长自己人格不够独立，害怕丢了自己或者家族的"面子"？

自我价值感低或人格不够独立是当前许多家长朋友教育孩子时表现的问题，如果不把这个问题参透，我想就算家长朋友自己明白不应该当孩子的领导，事实上也做不到。

在一个小城市的中学教师宿舍区，每年一到暑假总会有几个家庭好像"突然从人间蒸发"似的没了踪影。其原因只是这些家庭的孩子当年没有考上大学或是所考的大学不理想。教师出身的家长们因此感到丢人：自己是老师，却没能让自己的孩子考上大学或是考上好大学，自己在学生面前抬不起头来，自己在邻居面前很没有面子，甚至认为自己不配当老师，在单位没脸见人，所以一个个都拒绝出门。没有考上大学或是没有考上理想大学的那几个孩子，也都会绝望地躲在家里，也有在自己家里躲不住，跑到亲友家里去避难的。

这一幕每年都会在全国许多家庭上演，我之所以知道这件事，是因为我的家里也曾住过这样的孩子。

有个女孩子告诉我："由于我没有考上大学，奶奶说自己没脸见人了，所以躲在家里不出去。奶奶是教师，她怕被同事们问到我高考的事。现在在家里，大家看我的眼神都变了，虽然没直接说我，但全家人在一起都没人说话，我感到很压抑，所以跑出来了……"这个女孩子在说这番话时，眼睛里有的是无奈与绝望，剩下的就只有泪水了。

这种情况反复出现的背后有一种看似很合理的逻辑：教师家长是懂教育的专业工作人员，教师的伟大在于可以把跟自己毫无血缘关系的顽童们教好，教师家长当然更会把自己的子女教育得更好。使用这种看似合理的逻辑，不只是外部的家长朋友们，连教师家长自己也会这样看待这个问题，认为因为自己的专业背景，自己的孩子就应该比别人的孩子学习成绩更好、更优秀。反之则会认为自己不配给别人的孩子当老师。

我曾读过鲁迅先生在1936年9月5日于《死》里留下的"都是写给亲属的"七条遗嘱，其中第五条这样写道："孩子长大，倘无才能，可寻点小事情过活，万不可去做空头文学家或美术家。"不得了！鲁迅先生的大脑可能是出问题了，他留下的这个遗嘱，可与我前面所说的那个逻辑相左呢。按前面那些教师家长的合理推论，鲁迅先生留给家人关于教育孩子的遗嘱应该是：要好好教育孩子，成才成器，方可为咱周家光耀门楣，切不可怠慢，使其一事无成而丢了咱周家的脸面。

鲁迅先生在《死》中留下的遗嘱与我的推理，读起来会有很不一样的感觉，我从前一条遗嘱中读到的是立遗嘱者个人身上的力量，自我的高价值感与人格的独立性。立遗嘱者不需要通过孩子今后的成就来证明自己是一位好父亲，也不怕别人看到自己的孩子只是"寻点小事情过活"而说这个父亲没有尽到教育责任，更不怕别人拿自己的孩子与自己进行比较。他怕的是恰恰与之相反，从遗嘱中可以看出，鲁迅先生怕自己的家人与孩子经不起别人拿父亲与孩子进行比较，会因这些比较感到失了面子，从而"去做空头文学家或美术家"。好一个鲁迅先生，他用自己无条件的父爱，给了自己孩子无尽的选择空间。

那些自己的孩子高考成绩不佳就不敢出门的家长朋友，则是把自己的自我价值感建立在孩子的成绩之上，他们需要用孩子的好成绩证明自己是一位好家长或是一名有着专业教育资格的教师家长。这就像有些人通过穿名牌，佩戴珠宝，来显示自己身份尊贵一样。可怜的孩子们呀，在此时，他们已不再是人，而是家长身上那些服装与佩饰。

这种把孩子当成饰物与脸面的家长并不只是那些教师朋友，在其他家长朋友身上也有所体现。比如，当家长得意地把自己孩子的成绩拿来向别人夸耀时，表面上是在夸赞孩子，实际上是在追求自己心里的那份得意与满足感。试想，如果自己知道一个跟自己全无关系的人的孩子，考出了超级优秀的成绩，家长朋友会对这样的成绩心存满足吗？

听到别人夸耀自己孩子的成绩，有些家长朋友会因为自己孩子的成绩不如对方而感到难以启齿，那份羞耻感表面上是在为自己的孩子考出来的成绩而羞愧，但实际上却是家长自己不能面对孩子的这份成绩，想到自己跟这份成绩之间的关系，家长就会有羞耻感。当然了，如果一个与自己有一点关系的朋友的孩子的成绩不如自己的孩子，而自己孩子的成绩也并不怎么样时，家长心里也会产生一种快感，那就是嘲笑别人孩子成绩的一种快感。同时这快感还会延伸到家长的内心，并推而广之，如果别人知道了我孩子的成绩也会嘲笑我的孩子，从而紧张担心，进而会更加为孩子没有考出好成绩而羞耻。试想一下，如果这个极差的成绩，也是一个跟自己全无关系的孩子考出来的，家长朋友还会嘲笑这样的成绩吗？

家长担心自己的孩子不如别人的孩子，把自己的孩子与别人的孩子进行比较时，表面上是想让自己的孩子更好，是为了孩子今后的成长，其实质是对自己的孩子有着许许多多的期待。这期待有的是家长自己完成不了的，无论是自己的能力，还是自己的成长环境都完成不了那样的期待；还有的则是家长已有的、但极怕失去的，他们想通过孩子来证明和维系。无论是哪种原因所产生的对孩子的期待，家长都希望孩子能肩负着这些期待走下去，并能实现这些期待。如果孩子的行为没有完成家长的期待，家长就会感到很受伤，便会打着为孩子好的旗号，用好好教育孩子作为遮羞布，开始对孩子进行所谓"正当行为"！反过来想想，家长自己的期待应该自己完成，孩子因没完成家长的期待，家长感到自己受伤，以此为理由伤害自己的孩子，这种行为真不是"不可理喻"四个字可以表达的！

当家长被孩子的班主任请去后，回来面对自己的孩子而暴怒时，表面上看是孩子的不当行为激怒了家长，其实不过是班主任对家长的态度让家长自己受不了，使家长感到孩子的行为使自己失了面子，让别人认为自己不是一个好家长，是一位不负责任的家长。这让家长内心产生了极大的自我价值被攻击的感觉，如果面对的是自己的家人与朋友，心里有了这种被攻击的感受，家长一定会反击，可自己面对的是孩子的老师，在老师面前，家长只能咽下这口气，但这口气不能白咽，到家后的暴怒就是对这口屈辱之气的加倍还击！因自己的自我价值受攻击，因自己的自我价值感体系过于脆弱，对孩子身体下手，这不也是很可笑的一件事吗？

不能再写了，也不想再写了，这种行为在我们的身边时时可以看到，自己身上也时时可以感受得到，这些行为表现与情绪反应只说明一个浅显的道理，有这种反应与行为的朋友们，都是因为自己的自我价值感低下或是人格不完整，与孩子的行为、成绩没关系，应该自己去完成对自己的期待，把自己的期待强加在别人的身上，让别人替自己完成，那是一种奢望！放下对别人的期待，完成对自己的合理期待，提高自己的自我价值感。这一切一点点进步时，家长朋友会发现，无论自己做对做错，都是有价值的，因为自己在进步，那就是自己的价值，这种价值无需外在的量化指标来证明。你自己就是活的例证，只要你做了，你努力着，无论结果如何，也无需结果，你的生命都在绽放着属于自己的美丽！你无需成为别人眼中的你，你只需成为你自己！

交流台

乡晨有辉：

何止是家长在自己孩子身上所表现出来的自我价值感低和人格的不独立完整啊，这种行为在教师中也比比皆是：如果班里的学生考得好，老师一脸荣耀，考得差，连吼带骂——我的学生如果考得好，我内心也得意；如果考得不好，我虽然不吼不骂但是也觉得自己脸上无光。

学生的成绩已成为我的价值和努力被承认的标准了！——被谁承认？我自己还是别人？如果是我自己，为什么？难道我不知道自己的努力吗？我不知道自己的价值吗？如果是别人，为什么？为什么我那么需要别人的肯定和认可？我自己对自己的肯定和认可不够吗？

说到底，仍然是我自己的成长不够，我的人格独立不够，拿学生来弥补，弥补不足时就会抱怨啦！成长是一生的事情。

淘猫妈：

你说得极是！如果把我这篇博文里的家长换为老师，也一样适用的在教育群体中老师自己的自我价值感也很有问题，也受到了很强大的挑战。想起我自己的数学老师、物理老师、化学老师、英语老师，他们都是出色的好老师，我的这几门功课却是出奇的差，但这几位老师好像从来没有因为我的成绩差而说过我什么不好。只要见到我，他

们一定会说："你只要学文科就不会有问题，现在中学学的东西与将来你的生活和工作没什么关系，你不要因为成绩不好而想得太多。"英语老师的话更绝，她说："你生活在中国，只要不出国，英语不好没问题。"他们还一直对我说，只要你走上工作岗位，一定不会差的，因为我看重你的能力与努力……就这样，我在他们的鼓励与支持下，以偏科瘸腿的情况勉强考上了大学。中学这些老师曾经给予我的这一切，让我从来没有因为自己成绩不好、全班倒数第四这些情况影响到我的自信。这么多年走来，我再见到他们时，他们对我说的还是当年那句话："看，我当年说对了，只要你走上工作岗位，一定不会比别人差，因为我看重你的能力与努力……"我想，我的老师们一定有着极高的自我价值感，他们不需要用我的成绩来证明他们的价值，因此才给了我许多许多让我至今受用不尽的力量！

家长对孩子的期待是这样产生的

　　当今的父母在拥有许多教育知识的同时，也走进了教育孩子的误区，对孩子期望过高就是其中之一。天下父母无不"望子成龙"、"望女成凤"，然而，生活在如此高的期待下，孩子真的能"出于蓝而胜于蓝"吗？或许答案并不是那么确定。

　　我读过一位名叫鑫鑫的网友写的一篇题为"当今父母教育孩子的误区"的帖子，他认为："很多孩子的父母对孩子的期望过高，主要表现为目标过高，错误地认为孩子一定能'青出于蓝而胜于蓝'，不顾孩子的实际。再就是，盲目地定发展目标。有些父母还有重智轻能的表现，认为'万般皆下品，唯有读书高'。不愿意子女一辈子只是一名普通劳动者，于是督促孩子把考上大学作为第一目标，好像生活的目的就是为了考大学一样。"

　　我以为前面两段话谈的是一个问题，家长对孩子的期望值高，一般会通过让孩子考上大学来完成。这两个看似不同的东西，其实反映的是一个实质，就是上大学，上好大学！为什么中国家长会有这样的行为，我认为这跟传统文化打在我们身上的烙印分不开。在中国传统行业中，体力劳动与脑力劳动差异极大，脑力劳动相对于体力劳动而言要轻松。这种情况在二三十年前的中国还比较突出。只是这十几年或二十几年来中国飞速发展的过程中才出现了当前这种局面：体力劳动、脑力劳动之间的差异越来越小，脑力劳动的紧张度也一再提高，其实是整个社会的劳动强度都在提高。由于过去那个时代的特质与影子离我们还不遥远，许多家长朋友和家长的家长们都从那个时代走过，受这个思维的影响也无可厚非。

此外，期望过高还有另外两个源头：

第一，在刚恢复高考的那段时期，中国社会处于一个从来没有过的极度特殊时期，从知识青年上山下乡，到读书无用论，再到"零分"大学生，一直以来都按这种逻辑生活的人们，突然遇到了恢复高考，上了大学之后由于各种人才的极度匮乏，所有毕业生都有了好工作、好生活，就如我前面所说，在脑力劳动与体力劳动差异巨大的当时，这种情况无疑是给全国人民打了一针强心剂，知识改变命运在瞬间就变成了文凭改变命运！

那时的大学毕业生，还有几个现在学生所没有的特点：许多考上大学的老三届知青都有工作经验，用人单位对此一点不用担心，他们不是修理过地球，就是当过兵，要不就是下过工厂当过工人，简单地说工、农、兵、学（当过老师，如易中天等人）、商，各行各业都有人从事过。他们再加上知识这双翅膀，一个个几乎全是招之到岗，到岗能战，战之能胜。这样的人生活得会更好，也是社会不变的规则。

在这种情况下，也有许多人，因为按照原来的老逻辑生活得太彻底，没想到生活会产生这样的剧变。结果是，眼看着别人用知识改变了命运，更重要的是用文凭改变了命运。他们只因比别人少了一张文凭，落得个命运无法改变，依然从事那些繁重的体力劳动，人与人之间的生活因此变得差异越来越大。这些特质，这种现象，在当今社会边远农村特定区域里还是存在的，那么大的城乡差别，不合理的户籍管理制度，使一部分人要想除掉自己身上的某种标签，只能通过考上大学这种途径来实现。面对这种情况，许多朋友都暗下决心，我不成，我的孩子一定成。我再也不会吃原来那种没有文凭之亏！这时文凭列车开始在人们的心里启动！

还有一个情况就是，在老三届后面也有几届应届生，他们虽然没有过实际工作经验，但由于他们从那个不读书的时代走过童年，春天挖过蛹、点过瓜、种过豆；夏天三夏劳动、拾过麦穗、收过谷；秋天要去收玉米；冬天来了还得学工。再加上工宣队、军宣队进学校等活动，这都是学校里组织的，还不包括孩子们因课业少，自己兴风作浪的那些小把戏，这都可以算作社会实践吧，所以这部分应届生虽然没有正式工作经验，但能力也不差。他们后来的发展也是一帆风顺，上大学、好工作、好工资、好发展。所谓前事不忘后事之师，大家对文凭趋之若鹜也就情有可原了！

第二，现在的家长们身在职场压力很大，再加上自身经历的事实告诉我们，社会怎么变对知识的要求都会越来越高，不会越来越低，知识量不够，会随时面临下岗。而当今社会里，知识就等于文凭，或是说等于名高校文凭。下岗这也是1949年之后几十年里从来没有过的事，但现在这些都早已司空见惯了。为了不让下一代遭遇自己经历过的尴尬处境，让孩子拿到文凭便成为了家长们心中的重中之重！

从前面的分析中不难看出来，事情走到这一步是必然，绝非家长群体的"弱智"带来的。因此，我不主张这么简单地批评家长，要看到这些问题产生的原因与合理性，多给予家长理解与认同，只有这样，家长才能从中学会如何理解自己的孩子，给家长帮助之前，不是批评与指责，而是理解与宽容。我想这比一上来就给家长出主意、想办法更重要。

既然我认为家长朋友对孩子的期待是那么合理，又能给予家长们一定的理解，是不是说我认同家长朋友们对孩子的这些期待就是对的，孩子当然就应该完成家长的期待呢？不，我理解家长，认同大家对孩子期待的合理性，并不等于我认为大家现在的做法就是对的，如果这样，前面那篇关于独立人格问题的文章也就无需写了。

　　我虽然认同家长对孩子的期待有其合理的一面，但我还要说，现在的生活环境已与过去完全不同，家长那种期待在现代的环境中已很难适应。比如，过去学习是一种由长辈向儿辈们传递知识的过程，孩子学习知识是为其将来从事的工作做准备。现在却不是这样，知识更新过快的结果，使得知识传递的方向有所逆转，许多知识不是由祖辈、父辈流向孩子，而是由孩子流向父辈、祖辈。想想看，如果我们自己在网络、电脑的使用上有些问题，我们会向谁求教？我看大部分家长都会向比自己年轻的孩子们求教学习，我自己在这方面就有很深的感受。一旦我遇到网络方面的问题，帮我解决问题的都是10多岁、20多岁的年轻人，他们手里掌握的新知识，远远多于我。

　　这种形式的学习，在当今社会可以说比比皆是，随着这种知识传递方向的改变，就业方式的改变也必然产生。许多原有的行业在不断地消失，而我们从来都不曾听说过的新行业却在不断地诞生。比如在10多年或20年前有一个很新很棒收入很高的职业，它叫寻呼台服务生，这是为当时使用BP机人员工作的一群人，现在请大家找找看，自己身边，谁还在使用BP机？还有谁在寻呼台工作？恐怕没有了吧，这一行业先是飞快地兴起，又快速消失而去。各行各业都以这种形式在成长，我说几个时下尖端、新锐的职业名称，请家长朋友们猜猜看，你们是否听说过这些职业或知不知道这些职业是干什么的：用户体验设计师（User Experience PM）、角色装备设计师（Character Equipment Artist）、职业打金、游戏运营总监……这些新锐职业说不定哪天就在我们身边出现了，请问我们的孩子如何为这些在他们生活中从来没有出现过的职业进行知识储备呢？我看没有谁能做到这一点，既然这样，不能用家长朋友给予的老逻辑、老套路去要求我们的孩子，而应该让孩子们走自己的路，完成自己对自己的期待。

家长朋友们，我们的孩子面临的生存环境与我们自己的成长环境已完全不同，我们怎么能把自己的成长经验套用到孩子的身上呢？当我们看到自己成长以及对孩子期待的合理性时，就不难发现，我们的孩子因为其成长环境与我们之间有太大的差别，他们会有属于他们自己对未来生活的期待与向往，这些也都是合理的。更重要的是，他们是当事人，需要按自己的方式去摸索，只有这样孩子未来的生活才能过得更好，他们也才能真正地做到为自己未来的生活负责任。

　　这样一来，我们会发现，生活给了我们两种选择，其一，家长选择走老路，不断地对孩子有所期待，并要求孩子必须背上自己对他的期待。这样的结果不一定都不好，但这样做的家长朋友也应该有一个心理准备，就是孩子是孩子，你是你，孩子不一定会背上你对他的期待，就是背上了也不一定就能完成这一期待；如果孩子不背你对他的期待，或是不完成你对他的期待，请别抱怨，说孩子不懂事，因为你的就是你的，不属于孩子。此外，如果孩子在背负你对他的期待，以及完成这一期待的过程中产生了对你的抱怨，养成了对自己生活不负责任的习惯，也请家长朋友别抱怨，因为在你让孩子背负这些期待的同时，你已亲手把这些隐患种在了孩子的生活中。

　　如果家长朋友不想承受第一种选择带来的负面影响，你可以选择走第二条路：跳出自己思维的逻辑圈，放下自己对孩子的期待，让孩子走他想走的道路。如果这样家长朋友也要做好心理准备，在教育孩子的同时，就要学会如何面对来自外界对你这一做法的不理解，以及因为教育思想不同与传统教育理念发生的冲突，可以做到走自己的路让别人说去吧！只有这样，你才会给孩子更大的空间，也给自己更多的选择。

之所以说这些，我的想法是，不要一味地说些不解决问题的话去指责家长。我们的家长当得真的很不容易！我们也是在艰难中成长！多理解家长，家长才能多理解孩子，家长学会真正地理解自己时，才会想到去尝试着理解孩子，这是生活给我们的一个循环的学习过程，我们无需在强大的批评与自我批评中成长，那样太痛，太苦，太难做。我们只需要在理解中成长，这样大家都会得到成长的快乐与轻松。

交流台

绿洲：

家长对孩子的期望值高，还有和同龄人、同事、朋友攀比的成分在里面。看到别人家的孩子考上大学，有了很好的职业，现在很多生活困难的家长不想让孩子走自己原来的路，他们就把全部的赌注压到孩子身上。

家长累，孩子累，累得更多的是"心"啊！

message 3

环境变**而教法不变留下伤痛**

时代在发展，思想在改变，现在孩子所见、所想已经与父母辈小时所见、所想完全不同。现在的孩子需要更广阔的视野、更前沿的知识以及更加张扬的个性，而父母依然用自己父辈教养自己的方式来教育孩子，无疑是为孩子建立了一个无形的牢笼，让孩子的热情变成冷漠，梦想变成伤痛。

许多家长朋友教育孩子的方式基本沿用了自己父辈教育自己的方式，他们自身成长于物质极度匮乏的年代，自己的家长都是节衣缩食地把孩子养大的。一切好像都挺顺利的，自己也没有出现什么大的心理问题，也没有如现在这些孩子似的，不是没有责任心，就是没有爱心，要么就是挺大了还以自我为中心。到底是哪里出问题了，是不是我们的家庭教育中重养育轻教育、重智育轻德育造成的？难道我们对孩子的教育真的是这样的吗？我们教育孩子的时候呈现的许多行为都是我们的祖辈使用过几百年、上千年的行为呀，为什么到我们的孩子身上就行不通了呢？

这个答案是：时代变化了。我们那时物质极度匮乏，家长就是节衣缩食，也不一定能保证自己的孩子基本的温饱，在这种情况下，孩子们把父母节省下来的一切都吃光用净之后，还是饿，还是冷。这样一来，孩子们就得自己面临生活的重压，心理素质自然也就高些。

可现在物质已极大丰富了，家长再怎么节衣缩食，一是显现不出来有多么大差别，二是吃、用都有余，而且是大余，不干也可以吃。"好好学习不就是为了将来能过好生活吗，我现在就能过好生活。"这就是现在许多孩子的一种心理状态。

从这点上看，我们真不能过分地要求家长脱离现实去让孩子吃苦，如果是这样，那并不是什么重视心理素质的培养，而是对孩子进行不当的虐待！再加上现在"唯分数论"的教育体制，孩子们其实在学习上很苦。这样一来，家长就包办孩子所有的生活，包办孩子的学习。愿望是好的，但事与愿违：在优越的生活面前，孩子不愿为学习付出。这就产生了教育矛盾，产生了不少问题家庭。

我认为，现在孩子们身上表现出来的问题，并不是"重养育轻教育、重智育轻德育"可以说清的，许多问题是家长在没有对环境进行准确定位的前提下，沿用了过去的教育招数而产生的不良后果。

在"重智育轻德育"的问题上，我认为是家长缺乏身教的问题。思想品德修养及行为习惯的养成不是用语言教育出来的，而是用行动教育出来的。

我恰恰认为，正是我们现在过分地注重所谓的思想品德教育，这种教育形式都是说教，其结果是，我们的孩子都早早地成了"职业骗子"！因为他们只需说出那一套套的正确思想，并不需要按照这些正确思想行动，长此以往，这个社会整体的信用度都在下降，这种现象已经成为事实！为了扭转世风日下的局面，许多有识之士们纷纷行动起来，把老祖宗的传统找回来，把国学搬回来，可情况并没有因此而好转，为什么？因为让孩子学"仁、义、礼、智、信"时，他们并不能从家长自身的行为中看到这一切，依然还是为学而学，不是在学中用、在用中学。如果家长真的要把孩子身上的这些问题改掉，很简单，就从自己身上做起，只要你做到，无须你多重视这一切，孩子也会在耳濡目染中慢慢进步，成为一个有教养的好孩子！在智育与德育的教育形式上，我以为应该是行德育，教智育。

对于"重养育轻教育"之说，我认为家长在物质极大丰富的背景下，按照自己父辈的教育方法进行套用，会给孩子一个错觉，我就是中心，世界是围着我转的。这样，孩子的自我中心意识就一直从婴儿期延续到十几岁，甚至会延续到成年。在这种情况下，他们也就没有爱他人之心了。

孩子一出生，他们就知道以自我为中心，这时的自我为中心，不是什么自私，不是什么品德问题，而是一种纯自然的状态，家长照顾孩子的生活也再正常不过。可当孩子一步步成长起来，家长的做法没有任何改变时，问题就出来了，对于一个不断成长的孩子而言，家长没有主动改变对他的关爱方式，而是一切照旧时，就是在告诉孩子：你不需要为自己的生活负责。一个个对生活没有责任心的孩子就这样在家长行为不改变的过程中出笼了。在这个过程中，不是孩子不想负责，是家长认为孩子们负不起这个责任，总是担心孩子做不好，不肯放手让孩子自己干，让孩子自己负责任，结果形成了现在这种孩子无爱心、不负责任的局面。现在孩子大了身上的毛病显现出来了，大家开始说孩子，开始说家长，我以为这样于事无补，还是看看产生问题的根源与过程更为重要，只有找出问题的根源才有可能使问题有所改变，使家长朋友可以从发现问题的那一刻起，做好心理准备，加强自己的心理承受力，之后慢慢开始调整自己的行为以及与孩子之间的关系。我相信这样做下去，前面提到的孩子的不良行为一定会有所改观。

家长群体**流行病分析**

　　每位家长对孩子都有着浓浓的爱，他们希望孩子健康、快乐、优秀，但或许是生活条件太过优越，或许是父母对子女的这份爱太过浓厚，让家长们走进了一个个教育"流行病"的怪圈。

♥ 家长群体流行"残忍病"

　　"精英成长训练营"十一营又要开始了，每当营地热热闹闹地开营时，我总是会从中感受到"残忍"这两个字。如果我说现在的家长很"残忍"，家长朋友们就能把我打成生活不能自理。可是我还是想这样说。请问，我们的家长真的不残忍吗？如果真的不残忍，为什么非要让孩子们在营地里去学习什么是毅力，学习什么是负责任呢？

　　许多家长朋友把这种"残忍"说成"爱"。

　　"负责任"原本是上天给予我们每一个人的生活经验。人一出生就会为自己的嘴负责任，如果不哭，不提醒家长，自己就会饿肚子。再长大一点，为了吃学会了自己动手、动脚，向食物奔去，就算是为此摔倒、碰伤，孩子们也在所不惜。这样下来，他们开始要更大的自由、更宽阔的天地，到那时他们也就不单单是为了嘴，而是为了更多的东西，因此生活让他们自然地承担的责任也就更多。

　　自己跑不好，就会摔，摔了就会痛……遇到这一系列的问题，孩子们自己会学习，学习控制自己的行为，并为自己的行为承担后果与责任。应该说，从生活中得来的大部分体验都是安全的，不会给孩子们带来太大的伤害。孩子们就是这样一步一步地长大，肩上所承担的责任也就自然而然地加重。在这同时，孩子们的肩膀开始变得越来越强而有力，生活的支点也就慢慢地从家长们的身上转到了孩子们的身上。

我记得一个哥们儿跟我讲述了一段他成长的经历，由于我自己也有相似的体会，所以这段经历让我有很深的感触。他说："小时候，总是看着爸爸一个人去换煤气，后来是我跟爸爸一起去，我家住六层，我们用一根粗而长的木棍当扁担，我抬一头，爸爸抬另一头。开始时，那个煤气罐紧靠着爸爸的手，后来随着我的长大，那个煤气罐也就开始往木棍的中间移，再后来就移到了紧靠我手这边。终于有一天，爸爸没有再跟我一起去换煤气罐，而是由我单独完成，当这一切突然降临时，我感到了一份责任！"

一段平凡而又不平凡的自然感受，让孩子在平静中懂得了责任。有人知道这件事时，马上会说，我们现在没有这种事可以让孩子做了。我认为这是借口！是我们自己不让孩子学习承担责任的借口！我们现在的孩子每当吃饭时，家长就会问，宝宝想吃什么，想吃什么我就给你做。如果哪天做的不是孩子想吃的，或是家长已做完饭，孩子却想到外面吃时，我们的家长会怎么办？一定是孩子说吃什么就做什么，而且一定不会让孩子参与做饭。知道孩子想到外面吃时，只会是拿起钱包来说声"走！"，就到外面满足孩子的愿望去了。

家长这种行为背后留给孩子的东西是什么？是孩子不必为自己的生活负责任，不用为自己的选择负责，他的选择来自父母，他的生活早已由父母安排好了，孩子的各种责任也就自然而然地该由其父母承担！

许多家长为孩子不好好学习发愁时，总是对我说："老师，孩子什么时候能学会为自己的学习负责任就好了！"我说："如果按你现在的行为，我看你的孩子一辈子都不会知道什么是责任！"提出这样的问题并不是家长觉醒了，而是受学习、受老师和学校所迫，感到孩子们需要知道什么是责任，把他们送进我们的精英成长训练营。当孩子们付出了汗水和泪水，有的甚至是付出血水的代价去学习什么是责任、应该如何负责任时，家长们都说："我是含着泪水看完的，我感到了无比的震撼……"面对这样的家长，我要说："我感到的是家长的残忍！"一个原本可以自然而然地从生活中直接获得的体验、自然就会承接过来的责任感，却要经过这样"凤凰涅槃"般的洗礼才能学会，这不是残忍是什么？

有的家长说：淘猫妈，我不把孩子送到这种心理成长营里不就不会受这种罪了吗？我说不对，你孩子可以也可能不用受这种罪，但请问你能永远、终生不离孩子一步吗？你能不眨眼地盯着自己的孩子吗？如果你可以给出否定的答案，我就在这否定的答案后面，给你加上一个肯定的答案：孩子在家长看不到他的时候，在家长们不能为他承担责任的时候，家长要面对的、要经历的、要承担的对孩子的残忍，远比精英训练营里的游戏带给孩子的残忍程度高百倍、千倍、万倍！因为营地里的毕竟是些体验形式，是游戏，是在老师可控制的范围之内，可以随时停止，但生活责任有可能让孩子付出的是生命的代价，请问我们原来的那种对自己的爱心无约束、无控制的行为不是残忍又是什么？

现在"十一精英训练营"又快开始了，又会有许多家长的眼睛不是盯在自己的教育行为失当上，而是盯在今天没有我孩子的照片、明天是哪个哪个小队的照片多了等做法不公平上，请问生活真的是公平的吗？当我们在这里追求细节的公平时，我们失去的是什么？如果一方面是细节上的公平，一方面是孩子未来的人生，请问我们该如何选择呢？

❤ 你让我变成谁

家长在教育孩子的过程中，总是会出现不确定性。许多家长把孩子送到精英营的目的是让孩子们在营地接受训练，使之有所改变，使之适应力更强，心理素质更好。可孩子们到了营地之后，我看到的家长群体对自己这方面的反思不多，而对于照片、吃饭等生活细节关心得很多，应该说是过多。如果一个孩子在这些方面都还做不好，只有在家长、老师的监督之下才能做好，只说明这个孩子的适应力差，家长应该在这些方面下工夫才是，而不是在孩子离开自己的这些天里，去过多地要求营地为孩子提供一切。如果营地可以做到与孩子在家庭生活中完全一样，家长把孩子送到营地的目的又是什么呢？

我曾带过一个孩子，他一直不肯换衣服，理由是："淘猫妈，我不会自己洗衣服。""老师可以教你。""我不用学，妈妈会送干净衣服来。"为此，我与家长进行沟通，家长不再送衣服到营地，夏天10天不换衣服，身上发出阵阵臭气，别的孩子不愿跟他一起玩，他又没有干净的衣服可换，带来的所有衣服都穿脏了。一天晚上，别人都睡了，我听到水房里有人在洗衣服，走出去一看，是他，他在自己洗衣服，大大小小足足13件，我没有说什么，也拿着自己的衣服来到水房，与他一起洗，并自言自语地告诉自己，哪里需要特别地洗，但我没有跟他说一句话。从那以后，他每天晚上都会去自己洗衣服，我并没有因为他自己洗衣服而表扬他。因为他已15岁了，早该知道如何自己洗衣服。通过这件事不难看出，家长不让孩子为自己的生活负责任，却想让他们为自己的学习负责任，这是一种目标不确定性的表现。

还有一个典型的例子就是弹钢琴。许多家长都对我说孩子不好好弹琴，并因为让孩子弹琴之事与孩子间的关系紧张。可是当我问家长让孩子学习弹琴的目的时，他们都说：为了培养孩子对音乐的兴趣。可是当孩子对钢琴没有兴趣时，家长们的想法变成了：我花了那么多的钱、时间陪你学琴、练琴，你一句话不弹就不弹了？那样我不就赔死了！看看，到这时，孩子的自我感受已不重要，家长让孩子学习弹钢琴的目的也不重要了，不再是培养孩子对音乐的兴趣了，而是家长付出的金钱、时间、精力更重要，这时的孩子已不如钢琴了！这同样是家长在教育孩子上"目标的不确定"的表现。这种"目标的不确定"在孩子的教育问题上，在我们身边比比皆是！

我想说的是，如果孩子们在营地里面对学习、面对生活的态度、行为能有所改变，可回到家里以后呢？一切又回到了原来的世界，在原来的成长环境中，从营地里学来的新的体验与感受还能保持吗？我看很难，如果家长自己不改变，孩子在家庭中的生活环境不改变，只要求孩子改变，让他们独自面对、承担改变后所带来的压力，是很不现实的想法。所以我会说，家长的改变，才是孩子成为精英的关键点！只要家长在教育孩子的问题上有明确的目标，不用送到这营、那班，就在自己的身边、在家庭中、在生活中就可以自然而然地把自己的孩子培养成精英，培养成自己心目中的精英！

❤ 减压怪圈

说到家长的"自我减压"，我想说，那是家长为自己找到的一个不尽家长职责的美丽借口！许多家长都对我说过："淘猫妈，孩子现在特别不听话，我不说吧，那是我这个当家长的没尽职；说吧，孩子现在是一点都不听，而且现在还开始跟我顶嘴，真是一点办法也没有，你说我该怎么办？"

家长总是看到孩子身上的毛病。原因之一是，我的孩子好的地方是应该的，不如别的孩子的地方只要他改了，就会更好。在这一指导思想下，家长们不断地说着自己孩子身上的问题，希望他们好上加好，并认为，如果自己没有说到，没有提醒到是自己没有尽到职责。

但我要说这是错的，而且是严重的错误。请问，谁认为自己是完美的？我想答案是否定的。就是有高度自恋心态的人也不会认为自己是完美的，也就是说只有神才可能完美，除神以外就没有完美可言。平常人更是如此，从来就没有完美的人。我想请各位把自己的手伸出来，好好看看，一般不是说整齐才完美吗，那么请问我们的手指是应该齐长呢？还是齐短呢？不论齐长还是齐短，谁的手指长得那样整齐谁就是残疾人！手指的长长短短，不是用整齐这个标准划分的，而是从使用角度，从更适合人体使用、运动的角度划分的，手指当然是不整齐才好使。孩子也一样，每个孩子都有每个孩子的特点，将来他们会适应不同的社会角色，承担不一样的社会工作。如果总是要自己的孩子这也好，那也好，什么都好，我看这样的已不是孩子，而是可怕的"魔鬼"了。从这一点就可以看出，总是看到孩子有问题，不够完美，是家长自己的问题。

再就是一旦发现问题，家长为了所谓的尽职，不管不顾地说孩子却不考虑说后的效果，这是一个很可怕的行为方式。家长只顾自己说，却达不到让孩子听话的效果，这一行为的后果是，家长说孩子只达到了一个目的——"自我减压"，许多情况下并没有达到使孩子认同的效果。长期这样做带来的第二个问题是，给孩子一个不良的心理暗示，家长的话不用听，他说他的，我做我的。

要想让孩子认同家长、听家长的话，家长应该做的不是把话说出来就算尽到了当家长的职责了，而是要考虑一下话说出来效果如何。如果效果不好，就请先别说，请先想一想有没有效果好的办法可以用。也可以想想，为什么我说的话总是效果不好，我在哪里的行为方式有失误？请家长朋友先这么想的原因在于，家长要尽量避免说出那种无效的教育语言，特别是对大年龄段的孩子更要注意这一点。否则，家长说得越多，效果越差，最后孩子把家长说的所有的话都屏蔽出自己的世界，这对孩子是最大的伤害，这时的家长靠说教给自己减压后又有什么作用呢？只会进入越减压越唠叨，越唠叨效果越不好，孩子越不听；孩子越不听家长越担心，家长越担心心理压力就越大；心理压力越大，就更需要减压，结果是更加的说教、唠叨，就这样家长们走进了"减压怪圈"。要想停止这一幕，就要改变自己的行为方式，所有这些不是从自我减压开始，而应该从自我反思开始。

🖤 在成长的路上，没有捷径

现在的成人世界里，生活节奏都很快，家长们自身的压力都很大，空闲的时间很有限，与孩子一起相处的时间就更有限了，为了把这有限的时间用好、用精、用得更有效率，现在许多家长与孩子谈话的内容都只停留在这几点上：写作业了吗？考试复习了吗？考得如何？为什么又没有考好？吃好了吗？睡觉！

在这种效率性面前，我们的孩子早已成了学习的机器！我认为现在家长所说的效率过于"狭义"或是说过于高效，以至于孩子们大部分情感世界被家长们忽略了。孩子是一个活生生的生命体，情感世界才是他们最重要的部分，在情感世界里，他们急需成人的指导与交流。在学习的世界里，孩子们有老师、有同学，主要的社会交往环境是学校，老师关心与指导孩子的学习是他们的基本功。在情感世界里，孩子原本有家长、有兄弟姐妹、主要的社会交往环境是家庭，家长在关心孩子生活、情感上也有基本传统。可现在情况变了，由于计划生育政策，孩子们没有可以进行情感交流的兄弟姐妹了。在这种情况下，更需要家长在情感方面给予孩子更多的关注与关爱，可家长朋友们为了提高教育孩子的效率，把这部分重要内容压缩再压缩，变得少得可怜。这样一来，孩子在家长这里得不到他们想要的关注与关爱，可他们又非常需要情感方面的指导、交流，结果只能是，孩子选择向自己的同伴们学习这部分内容。我不是说向同伴学习不好，但也不可否认向同伴们学习情感方面的内容带有很强的不确定性。他们都是未成年人，他们对社会的认识很不全面，有时可以说是幼稚或偏激，在情感方面的体验都很少，很不成熟。在这种情况下，让孩子彼此之间进行情感的学习和交流会有许多不稳妥的地方，这也是家长们需要特别关注的地方，关键时刻如果没有成人的关心与介入，可能会出现不可想象的后果。一味地追求与孩子沟通的高效率，只会让家长们失去对孩子情感方面的关爱，使自己的孩子在情感交流上处于一种危险的境地！

此外，效率还表现在，我们不愿自己的孩子走弯路，认为如果孩子走了弯路，就是失败，最起码也是做了无用功。殊不知，人生的道路就是曲折的，无捷径可言。如果某位家长朋友认为，他给孩子找到了一条人生捷径的话，我要说，这种情况更可怕，在孩子的人生的某个转折点上一定会回来补课，他也会因为自己走了一条捷径而付出更高的代价！（在本章第七节"完美教育埋葬孩子的婚姻"里，我会用一个实例，讲述一个孩子补人生之课的情况。）

我们应该从关心孩子学习的这部分时间与精力中分出一大部分放在关心孩子情感以及人际交往方面，这些方面是孩子将来走入社会的基础，是他们人生启动的阶梯，不要因为追求对教育的高效率，让我们的孩子在未来的生活中付出更高的代价！

🗨 交 流 台

桃木梳：

现在的孩子到10岁都不理解责任的含义，前几天我儿子放学回来问我："妈妈，什么是责任？"我给他举了很多例子说这些都是责任，可是儿子还是有一些茫然，看来，必须让他经历才能知道啊！

淘猫妈：

这就是高效率教育的后果，也是言教的后果。责任本无需说给孩子，只需要让孩子做，让孩子去体会就足够了，可是我们的孩子在言语上已学过，在行动上还未体验过，也不曾有机会去体验，反过来家长又会说孩子们没有责任感，不会为学习负责任。看到这一切，我不得不为中国的教育感到悲哀与伤感！

"为孩子牺牲" 的背后

很多父母爱孩子至深，认为只有无条件地牺牲自己，才能保证孩子受到全方位呵护。但当牺牲真的来临时，父母心里总会有些不甘心，于是就把自己牺牲的东西全部"堆压"到孩子身上。最终，孩子在一堆"我为你牺牲"中不健康成长，父母则获得了"我这么为你，你却依然不成才"的心理。

我在忙"暑期精英成长训练营"的家长会时，接触了很多家长，各种因为孩子而产生的家庭矛盾也一个个浮出了水面。这其中因父母对孩子的教育理念不同而产生的争执最多，可结果往往变成了母亲的哭诉或是父亲的抱怨："这个孩子太不懂事，我为了他已很少与朋友们往来，几乎牺牲掉了自己所有的业余时间……""为了孩子我操碎了心，牺牲了许多好机会！""为了孩子，我放弃了工作，当起全职太太……""不是不想管，是我真的没办法，为了孩子我牺牲得太多了吧！"这一下让我想起了2001年在石家庄办"走进孩子心灵夏令营"时的情景。这么久的时间过去了，那时琳琳妈妈与自己老公争吵时所说的话还在耳畔："你说话要凭良心，你管过孩子吗？不管还罢了，你还和你们全家一起跟我唱反调。""可你让我插手了吗？""我又是为谁活着？结婚这么多年来，我的心思全部用在这个家和孩子身上了，孩子出生以后，我几乎没有了朋友……"

琳琳父母就这样一句跟着一句地吵着……

看看这个争吵的场面，再与前面那些家长所说的话进行比较，我们会发现，这些话是多么相似！它们相似就相似在这些家长的心情上，相似在这些家长们的生活状态上，相似在这些家长们的想法上！在家长中有这种表现的母亲尤其多。

生活真跟这些家长所想所说的一样吗？家长的伟大真的在于为孩子所作出的各种牺牲吗？各种牺牲的背后真实的一面是什么？家长的伟大到底是什么呢？

在我看来，无论是与朋友来往少聚会少，还是与先生沟通不好，或是放弃很多这样那样的好机会等等，那都是自己面对生活作出的选择，这些与孩子无关！"为孩子牺牲"这几个字，只不过是一些家长对自己现状不满意找来的遮羞布罢了！孩子从来都不是家长成功的绊脚石，而是家长成长的教科书！

面对孩子这样一个鲜活的生命，他不断地成长、不断地变化……父母能做的只有跟上孩子成长的脚步，不断地学习，与孩子共同成长。在这个成长过程中，家长知道家庭是一个团队，在家庭中，家长学会如何与团队相处、如何摆正自己在团队里的位置、如何带领团队前进、如何为了团队的目标而放弃、如何尊重团队中的每一个个体的价值等等。中国儒家文化早已道出了家与世界的关系：修身，齐家，治国，平天下。想要当好领导吗？想要事业发展吗？想要处理好人际关系吗？在家庭这个团队里修炼自己，你一定会有长足的进步与提升！

那些以孩子为借口，说自己为孩子牺牲的家长们，其实是在为自己向孩子讨债埋下伏笔。许多家长对我说，他们所做的一切都是为了自己的孩子将来能生活得好。他们的要求不高，只要让孩子过上比较舒适的生活就成。能达到这点他们做什么都认了！请问说这些话的家长朋友们，你们为孩子牺牲这牺牲那之后结果若真是让孩子过上了你们想象中的那种好生活，你们会怎么想呢？许多家长的想法是，要不是我们教育得法，孩子不会过上这样的生活。这想法背后没有说出来的话则是：在孩子的教育上我们有功，所以孩子欠我们的。无论家长自己有没有这种想法，但这话的背后就是这样的逻辑。

如果为孩子牺牲这牺牲那，结果是孩子并没有过上你们所希望的那种生活，你们又该如何面对呢？答案是不是会变成：都是孩子不懂事，是他不努力……所有的责任都成了孩子的。家长大可说一句："为了这个孩子我们是操碎了心，牺牲了自己的一切，可这孩子实在是太不争气啦！"随后便是一声叹息……家长的无能与失误就在这一声叹息中化为空气！

其实父母的伟大，不在于为孩子牺牲而在于与孩子分离。因为"爱"总体上来说是以相聚为目的，这点在恋人身上表现得最明显，相恋的目的是终身厮守、永不分离。只有父母对子女的爱十分特殊，这种爱以分离为目的。父母对孩子的爱是让孩子长大，并且可以离开自己独立地生活。这种爱与一般意义上的爱相反，所以做起来很难，而父母又必须这样做，在这种矛盾的心理面前，克服本能冲动的"小爱"，走向冷静、理智的"大爱"，才表现出父母对孩子爱的伟大。这绝不是一般人理解的为孩子而牺牲这么浅薄、简单！

不要再在"为孩子牺牲"这个问题上误导自己和归罪于孩子了，如果你对自己生活的现状不满意，请在自己的身上找答案。我保证，那些绝不是孩子的错！如果各位家长真的是想牺牲，就请为自己牺牲，把自己的生活、工作安排好，那才是给孩子最好的礼物。想让孩子学会为自己的生活负责任吗？先从自己做起吧，不要给自己的生活现状找借口，面对生活承担责任，就是对孩子最好的责任教育。

🙆 交 流 台

网缘福音人：

　　面对孩子这样一个鲜活的生命，她不断地成长和不断地变化会引发很多问题，这些问题需要我们做家长的去正确对待，处理得恰当不恰当会直接影响孩子的发展方向……

一生有你：

　　说得好！我在努力地学习呢！因为我孩子还小，希望有淘猫妈指路了！绝不能再走"母亲的哭诉，父亲的抱怨"这条路了。感谢淘猫妈献上这么好的文章，给我这么好的学习机会！

淘猫妈：

　　其实，在教育孩子的这条路上我也走错过，但那正是我与孩子成长的机会，所以不必紧张，让我们一起探索着走下去就好！

请隔辈人带孩子应该想到的

由于工作繁忙，生活压力过大，年轻的父母请自己的父母帮忙带孩子的现象越来越普遍。尽管祖父母一代拥有更多的育儿经验，但由于身体、精力状况大不如从前和教育思想上的差异，必定会造成孩子教育过程中的一些问题。此外，孩子成长过程中与父母接触减少，也会给孩子成长造成不良影响。作为年轻的父母，这些问题你可曾想过？

由于社会节奏快、支出费用高、安全问题多以及工作地点与生活地点相距太远等原因，我身边的许多朋友都选择请自己的父母帮助自己带孩子。我也曾面临过这样的问题。刚生孩子时，我与自己的父母同住，请他们帮我带孩子好像是理所当然之事。但我父母并不这么想，母亲跟我与我先生说："我们只负责你们这一代，在生活与教育上我们都已尽到了自己的责任。无论你还是你们的哥哥认为我们对你们的教育有多不好，或是多好都不重要，重要的是我们尽了我们最大的努力。现在你们都有孩子了，应该是你们来对自己的孩子负责任。你们的哥哥前几年已有了女儿，我们没有帮着带，不是因为哥哥住得远、不方便，而是我与你爸爸的原则就是孩子应该父母自己带，所以你们的宝宝也请你们自己带。如果有什么特别的情况需要我们帮助，请你们提前跟我们说，如果我们同意可以帮你们带。如果我们不方便就请你们自己想办法，爸爸、妈妈有自己的生活，不可能专门为你们带孩子。"

就这样，我与先生遵守了父母给我们立下的规矩。女儿出生后，无论两位老人多么喜欢这个小宝宝，可他们从来没有破坏过这个原则，一直坚持孩子由父母带，外祖父母绝不插手。那时的我是全职妈妈，每天与这小家伙一起"混战"，享受着其中无穷的乐趣，也体会着里面的酸甜苦辣。后来学习了心理学才知道，我父母的这个原则对我与我的女儿来说是那么重要，又是那么正确。

从心理学的角度讲，一个人顺利成长除了身体健康外也要看一个人的心理营养是否充足。如果一个人婴幼儿时期缺乏心理营养，随着其成长，他对心理营养的需求也就会越来越高。因此，人们都说婴幼儿时期是人一生中最重要的阶段，如果这个时间出了问题，如：母亲此时与孩子父亲的关系不好，或是母亲生完孩子之后得了产后抑郁症等问题，都会使家庭气氛不好，都会引起婴幼儿自身的生存焦虑，这时孩子的理智记忆里不会记得什么，但在他们的身体记忆、心理记忆里一定会有这些让其不适的感觉。这种记忆会对孩子今后的成长造成巨大的影响。婴幼儿时期也是与父母亲建立重要他人关系的阶段。如果这个阶段孩子与祖父母生活在一起，他生活中最重要的人就会是祖父母，而非自己的父母，孩子会从祖父母处得到自己需要的心理安全感以及心理营养。

许多父母会让孩子在祖父母身边长到快上学时，再把孩子转到自己身边，认为这样可以让孩子在需要养育时得到最好的养育，需要教育时得到最好的教育。其实这是成人的想法，对孩子而言，他的感受并非如此。与祖父母共同生活的孩子，他所建立的重要他人是祖父母，他的所有心理安全感都来自这个重要他人。如果家长把孩子从祖父母的手中转到自己手中，就会出现这样的局面：孩子与自己的父母之间并没有建立起安全关系，这种转换使孩子完全失去安全感，这也是许多有过这样经历的孩子，在后来的成长道路上不顺利的原因之一。这种在家长眼里最佳的方法，给孩子带来的却是巨大的心理伤害。

　　我父母的原则恰当地避免了这一问题。当我身边一些朋友为他们自己家的老人不能为自己带孩子而烦恼，跑到我这里抱怨时，我倒感到没什么——这一结果对孩子而言可未必是件坏事。

　　我曾与父母谈过这个问题，说他们有远见，对心理学无师自通，说自己如果不是后来学习了心理学，在这个问题上说不定还会跟我的那些朋友一样，对他们心生怨恨。可父母的回答让我再次有所触动，他们说："并非我们无师自通，也没什么远见可谈，而是从实际出发想明白了这个问题。现在每家只有一个孩子，金贵得无以复加，父母爱孩子若掌上明珠，带着这么个宝贝责任重大。我们年纪大了，身体不好，体力有限，小孩子则是生命力极强，精力使不完，我们没有精力与体力与他一起玩儿，一起跑，如果摔着了或碰着了，对你们不好交代。怕出事只能不让孩子乱跑、乱爬，这样表面上孩子是没出问题，但限制孩子运动就是限制孩子成长、发育，这对孩子不利，所以我们左思右想才决定不帮你们带孩子。小孩子我们很喜欢，看到他们就好像看到你与你哥哥小的时候一样，也是很想带的，但为了孩子好，也为了能让你们真正体会当父母的感受，所以我们决定，无论你与你哥哥哪家有了小孩儿，我们都不带……"

　　我父母的想法再次与儿童教育心理学的某些观点暗合。后来我从事家庭教育方面的工作，四处给家长朋友办家庭教育讲座时发现，许多有感觉统合障碍的孩子或多或少都被祖父母带过。老人在带孩子期间非常小心，比较喜欢乖、不乱跑、不乱动的孩子，这使孩子的大运动量和精细运动都得不到充分的锻炼，造成孩子长大入学后写作业慢，注意力不集中，作业中错误多，读书丢字、添字、连不成句等问题。当然出现这种问题的孩子还有许多是剖宫产或是早产的孩子，但与老人带孩子也有比较高的相关性，而我父母那种原始的想法，使我与女儿避开了这些问题。虽然小崽子上学后依然存在很明显的感觉统合问题，但我知道这是孩子早产以及后来颅外伤引起的，如果那时再请我父母带孩子，我相信女儿的问题会更严重。在这点上我感谢父母给我带来的新的思考角度。

在教育孩子的问题上，我从父母那里受益不止这些，他们还是我过头教育孩子时的一盆及时到位的冷水。记得有这么一件事给我留下深刻印象：

女儿一出生，我就很在意她的独立性，认为只要能锻炼孩子的独立性就是好的，就是对的，就应该按这个要求做。却没有考虑当时孩子的年纪与环境之间的关系，这个问题因一个偶然事件被我父亲发现了。当时孩子只有两岁多，晚上我要孩子自己取牙具进行洗漱准备。我们全家所有的刷牙用具都放在一个一人多高的壁柜里，柜子前面是一台洗衣机。孩子要想按要求办到，就得先站在凳子上，通过凳子再爬上洗衣机，才能打开柜门拿到刷牙用具，明眼人一看就知道，这对于只有两岁多的小孩子而言有多困难、多危险。但我却被"独立就是好的"的观点冲昏了头脑，根本看不到这一切。

这时从来不管我如何教育孩子的父亲出现在我的面前："太不像话了！这么高，多危险，要是摔下来后悔都晚了！培养孩子独立性也不能这样干！"父亲说着，跑过去一把将已爬上洗衣机的女儿抱了下来。当我走上前想从他手里接过孩子时，父亲一甩手拒绝了……可以说父亲很少对我有这样的举动，让我心里别提多难过了。

第二天我与父亲有了一次深谈，他对我说："我知道多年来，你对我和你妈妈教育孩子的方法一直不满，这是你的权利。也知道你一直想通过对自己孩子的教育来补偿心中的遗憾，这几年你也一直在向这方面努力，我也很赞成你从小培养孩子的自信心、独立性的想法和做法，但也想提醒你一点，凡事不可操之过急。不知你是否还记得，你小时候是怎样开始学习自己照顾自己的？你是一步一步地走到今天的。现在你有了孩子，当了母亲，如果真想从自己的成长过程中吸取经验和教训，就应该全面而客观地好好反思一下自己的成长过程……"

是呀，我小的时候，爸爸为了让我能自己挑选喜欢的裙子，特地为我做了一个有5个抽屉的柜子，并把那些漂亮的裙子放在中间那个抽屉里。它的高度正好让我站着就能毫不费力地打开。为了满足我爱照镜子的要求，他特意把挂镜子的绳子放长，使墙上的镜子放在我感到合适的位置，而他却因为镜子太矮，每次梳头、刮脸时，都不得不把身子弯得低低的。为了方便我能跑到外面去看当时为数不多的广场电影，他特别做了一个拿起来很轻的大高凳子。为了满足我好模仿大人进行劳动的行为，他为我做过翻茶叶用的小叉子、铲土用的小铁锹、包饺子用的小擀杖、担水用的小扁担、提水用的小水桶……总之就是想尽办法让我有自己的工具，还让我用得得心应手。

可我在对自己女儿的教育过程中，却没能做到这些。为了证明自己的正确、为了证明自己比别人强、为了证明自己的理智……为了证明自己想证明的一切，我不顾环境条件，硬让孩子去锻炼，这不是教育而是强人所难！让孩子自己拿牙具，这个要求本身并没有什么错，可牙具放的位置对一个2岁大的孩子来说显然太高了。父亲对我的不满正在于此，我为什么就不能像当年父亲对我那样，从孩子的视角出发，把牙具放在一个她伸手就能拿到的地方呢？

在父亲的提醒下，我进行了深刻的反思，开始了卫生间改造工程：先把孩子的牙具放低，放到一个她能轻松拿到的地方；又在她伸手就能摸到的高度，拉了一条专门的、为她挂洗脸毛巾的绳子，当然绳子上的毛巾也早就从大变小了。她的洗脸盆从这天起，也从我拿着方便的位置换到了孩子伸手就可以拿到的地方，重重的搪瓷盆儿也变成了又轻又小的塑料盆。我还学着父亲当年的样子，把高高在上专为我个人使用的大镜子，放到了孩子也能照得到的位置。后来把房间里物品的位置也变换了，孩子放玩具的地方改在了她的童床下面，使女儿从玩玩具到收玩具都感到很容易……女儿对身边的变化很高兴，自从卫生间的布置改变以后，她再也没有对让她自己拿牙具、挂洗脸毛巾这类要求表示过不满。

从孩子这些变化中，我感到了父亲在我教育孩子时处在一个重要的处置，他使我学会不只专注于自己的好想法，还要看到各种条件、各种因素以及各种思考角度。当我忽视了一些环境因素，缺乏对一个问题的全面思考，对孩子采用过火、蛮干的行为时，父亲会及时站出来给我头上浇盆冷水，帮我清醒清醒，反思自己过头的行为，在父亲的帮助下，我教育孩子的路走得越来越平稳……

源于自己有与老人同住、共同教育孩子这些切身经历，我想对年轻的家长朋友们说：面对孩子的教育没有一个两全其美的方案，无论是请老人带孩子，还是由自己带孩子都会有这样那样的问题。我们需要做的是：如果请老人带孩子就要关注孩子心理营养的补充、心理安全感的保护、大运动量以及孩子需求被过分满足等问题，在这些问题上，给予一定的补充与校正。如果是自己带孩子请别忘记，传统的育儿经验，有许多点都与现代教育思想暗合，不要把老人的教儿经通通排除在外，只有这样，才能做到无论请不请老人带孩子，都可以最大限度地保护孩子的心理、生理发育和成长。问题真的不是出在是否请老人带孩子上，而是出在我们自己想问题不够全面上。

交流台

小伙子：

首先怀着崇敬和感恩的心向您的父亲深鞠一躬，是他教育有方才使得您有今日的成就和智慧。

父母直接教育孩子和隔代教育可以说是有区别的，教育自己的孩子时还很明智，但在隔代教育上却很难再把持有度，只有恩没有威了，这也是时下很多小孩都成为"小皇帝"的原因之一。但我想重申一点，并不能把所有的责任都推给老人。

先不说带孩子辛苦，是谁把孩子推给她（他）的爷爷奶奶、姥姥姥爷的呢？答案大家心知肚明，而又有哪位长者不疼爱自己的孙子孙女呢，造成这些状况的更多是我们为人父母者，以事业、理想、生活所迫为由，冠冕堂皇地将责任推得一干二净了，同时在自己的良心谴责下又顺理成章地当起老好人来，这样把孩子举得高高在上，如果你是孩子，你怎么想、怎么做呢？

网友911：

猫猫这是回忆录吗？小崽子还是2岁多呀。

您父亲真是了不得，那些话很有道理也很有力量。

淘猫妈：

哈哈，原来是911呀。可不敢说是什么回忆录，只是对自己的一段成长经历的记录，是我自己的一个成长过程。先是学习，后是自以为是，再后来是与父亲的沟通与反思，最后是修改自己行为的再学习……一步步地慢慢变化、成长，一次次地面对自己的焦虑之后，又学会接纳，就是这样。

这事确实发生在10多年前，但我对它还是记忆犹新，因为这件事给我的触动很大。

Amyguan：

教育真是个大问题，每代人都有自己的看法，孩子对于自己的成长，也有自己的看法，我不会把孩子交给父母教育的，我想自己养育。所以现在就要更加努力地学习和工作，为了未来努力。

看了老师给我的回复，我真高兴，从没有老师愿意和我说这么多的话，心理学家也看不透人的内心吗？心理学不就是研究人的吗？还有我可以自考心理学吗？我也要成为老师这样的好老师！

淘猫妈：

"教育真是个大问题……"在这点上我与你有同感。我也主张孩子应该由父母自己带，但我也确实得益于与老人一起生活，如果没有老人的帮助，我想我自己的成长也不会那么快。

再就是我想许多人应该都会愿意与你聊天谈话，别人我不知道，我是一定会与你聊天谈话的，因为与你交谈的过程中我也会有所进益。

心理学家并不是用来看透别人内心的，而是更了解自己的内心。当一个人更了解自己时，反而会对别人的内心有所察觉。心理学是用来研究人的，但主要是研究自己的。你可以参加自考，我也相信只要你努力学习，一定能成为一名出色的心理咨询师！一定会比我强！

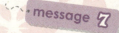

完美教育埋葬孩子的婚姻

　　培根说："人自幼就应该通过完美的教育去建立一种好的习惯。"然而，现实中的完美教育却狠狠地打了父母一个耳光。主张实施完美教育的父母十分重视孩子教育过程中的目标，谦虚、礼貌，孩子身上的好品质越多越好，但如此"完美"的教育却埋葬了孩子的天性，让孩童时期的问题在长大后的生活中"爆发"出来。

　　在家庭教育中，许多家长都十分关注自己实施的教育目标，如：孩子要有礼貌、宽容、礼让、谦逊、努力、有毅力、成绩优秀等等，这种好的品质在自己孩子身上越多越好，如果父母感觉到哪条没有做到或是做得不好，便会心生焦虑，忙不迭地教育孩子改过来。

　　我不是说这样要求不对、不好、没必要，而是想说，家长在教育孩子的过程中，应该关注的是自己与孩子之间所建立的关系，而不应只关心这种具体的教育目标。家庭教育的作用不只是教育孩子做人的品行、成绩的优异等，还要教给孩子一个与人相处的经验与模式，等孩子长大成人后，他会用自己从家里学来的这些经验和模式与社会上的其他人相处，并从中找到自己未来的意中人，走入自己的恋爱与婚姻生活。

　　可现在我看到的情况是，家长朋友们只关注那些具体的教育目标，而不关注家庭人员关系方面的教育，这种不关注导致家长与孩子相处过程中不能满足孩子们的心理需求，从而影响到孩子与家长之间亲密关系的建立，这种不良的关系一旦变成经验被孩子习得，势必会影响到孩子未来的恋爱与婚姻。

以我过去做过的一个案例为证。来访者是一对年轻的恋人，女方在与男友相处的过程中脾气十分暴躁，很挑剔，情绪变化得莫名其妙，可以说是性格反复无常。可这个女孩子，从小就性格乖巧、成绩优秀、对各方面的人都很好。女孩子自己对其身上的表现也很震惊，却又无法控制，所以有时她竟怀疑自己是不是得了精神分裂症。他们俩很相爱，为了找到问题的答案他们俩走进了我的咨询室。

在咨询过程中，我们慢慢找到了答案。这个女孩子的父亲是一位"极其完美"的父亲，对外人谦逊、礼让、包容、奉献。对孩子的教育也是如此，不仅要求孩子学习好，还要求孩子生活独立，当孩子做到他所要求的一切时，他认为这是孩子应该做到的，遇到孩子没有做到时，父亲就会惩罚她。在这样一个追求完美的教育过程中，女孩子也养成了这种"近乎完美"的性格，她乖巧、有礼、成绩优异，成为整个镇子里出名的好学生、标准的好孩子、别人家里孩子的榜样……在这个过程中，女孩子也从中感受到，她的父亲在别人眼里是完美的，她不可以丢了父亲的脸……

在这十几年的生活中，她感受到父亲是爱她的，但这爱的后面却是有条件的，在与父亲的交往中，她得到了一个与男性相处的经验：与男人相处时，男人不会无条件地接纳她，她必须表现得完美，否则她就会被男人抛弃。这就是她与她的父亲建立的一种不安全的关系。可是女孩子也知道，在她努力完成父亲对她的要求时，自己的心到底有多累。也知道要做到完美，这对她有多难。在她的心里，家应该是一个可以放松的地方，是心灵的港湾，是一个可以让她展示自己所有的地方。

这个最基本的诉求一从心底生起，另一个声音就会告诉女孩子：你必须完美，如果不完美，就没有男人愿意接受你，没人愿意爱你！

不完美就会被男人抛弃！你就不会有家！一想到家，她又急需体味到一种轻松。就这样，她在这两种声音中挣扎，但最后心底的需求战胜了，她要自己未来的家是一个可以真实展示自己的地方，可面对自己以往的人生经验，她能做的事便是：一次次地在自己的男友面前表现出"恶劣"的、"失控"的、"过分"的行为，试探对方，从对方的回应中得到自己是否会被抛弃的答案。这就是这个女孩子在别人面前是那样乖巧可爱，在自己男友面前却喜怒无常的原因。

这对恋人明白了，这个女孩子的行为并不是什么精神分裂症，只不过是我们俗话说的"作"（读zuō）。面对这样一个爱"作"的女孩子，她的男友给予了巨大的支持和包容，无论女孩子怎么"作"，她的男友都会无条件地接纳，并回报给她爱。这种"作"的行为，一直持续着，直到女孩子可以确定，对方是真的爱她本人，不是爱她身上的那些所谓的乖巧、听话、谦逊、有礼以及优秀的工作能力。哪怕她特别"坏"，对方也会爱她时，她才开始相信自己不会被恋人抛弃，才开始建立情人之间的安全感。

这个过程到现在已经两年多了，他们现在也已结婚，女孩子这种反复无常的行为，在男友或说现在老公的强有力的支持下，也好转了很多，虽然女孩子这种测试性的行为还会时不时地出现，但是频率与力度都大大降低了。不过测试还在继续，这种测试一直要做到这个女孩子与她老公之间真的可以建立起一种新的、能让她感到安全的关系时才会彻底地结束。不要以为两年多的时间已经足够长了，要知道，他们是在与一个已被运用了20多年的习惯经验作战，从某种程度上说，这20多年的习惯已经融进了这个好孩子的血液，进入到她每一个细胞里，与之战斗的艰巨性可想而知，这也许需要他们付出一生的努力！

在做这个案例的同时我就在想，有多少女孩子能如这个女孩子般幸运，可以找到一位这样无条件爱她的男友？又有多少男性可以经得起女性这般的"折腾与考察"？我想大部分男性在这"作来作去"的过程中早就逃之夭夭了！我也很想知道，有多少家长朋友们想到过，自己与孩子之间的这种关系，会影响到孩子将来的婚姻呢？如果这位女孩子的父亲知道自己女儿的恋爱、婚姻中的诸多不顺利是由于他那些"完美的教育"造成的，他又该作何感想呢？

女孩子的父亲如何作答我不得而知，但当我把自己想写这篇文章的想法告诉这个女孩子时，她同意我用这个案例的内容。她的理由是，她不愿看到有许多如她一般的孩子在家长这种"完美的教育"下无法走进正常的婚姻。我十分感谢这两位朋友，让我把这样一个实例展现出来，因为我知道这种情况在生活中绝对不是个案，它具有一定的普遍性！面对这么多的优秀大龄青年男女，有着好的工作、收入、事业与成就，却不能顺利地走入自己的恋爱与婚姻，我们这些为人父母者还不应该好好想一想吗？

交流台

乡晨有辉：

近期，因为各种机缘，更因为猫妈的文章，我一直在梳理自己的生命成长过程和心灵成长过程：父亲对我的严格教育以及由此而产生的伤害、我的不能自我接纳和不自信、我的不能选择和不会选择、我为此付出的代价以及成人后我的自我心灵成长。每一次回顾我都很激动很兴奋，因为我知道我终于可以学着自己接纳自己了——除了我的优点还包括我的缺点，我也敢于夸赞自己做到的事，我终于学会去选择并为之承担责任了，我寻找到了一部分"自己"……然而，这些都是我自己可以控制的。今天读猫妈的这篇文章，我不由自主地落泪了。我和文章里的女孩子何其相似：努力，乖巧，懂事，优秀，榜样，因为要求自己完美却又无法完美带来的痛苦，因与父亲的相处而得来的经验——要完美才能有人爱。如果说有什么不同，那就是父亲对我极其宠爱，我的不安全感来得不如她猛烈和严重。同时我也不像她可以幸运地遇到一个可以让我"作"的人，或者说，当我还不确定是否可以"作"时我已经逃开了。我一直怕那个爱我的人有一天看到原来我也是有缺点的，他会因此不再爱我，而我自己却知道即使他看到的我很优秀，我也是有缺点的！因为我不是完美的。我也想起那一份并未真正开始的恋爱，之所以没能真正地开始，是因为我发现他总能引发我最为暴戾的一面，而当时的我却并不知道我的暴戾和他无关！我选择了逃离而不是试探。

可是，我却一直不知道为什么自己不能和男孩子真正地建立恋爱关系，直到一次又一次地参加成长工作坊，直到一次又一次地剖析自己，直到最近再次梳理自己的人生！

今天，我终于可以面对自己的不完美，并且也不再把不完美作为爱一个人的障碍了，我却不得不说它来得艰难，来得迟缓！

今天，我又一次剖析自己的心路历程，如猫妈所说，那些追求"完美教育"的父母可以想一想。

而我，想起上次翻塔罗时翻到的那句话："过去的事情已经过去了！"是的，终于过去了！

淘猫妈：

说真的，我在写的时候就感到了你与这个案例中的主人公在某些方面的神似。但让我没想到的是，你竟然也有恋爱方面的困扰，让我更没想到的是，你竟然会把这些写在这里，这让我很感动。谢谢你的坦诚！也为你的成长感动！

做成功的家长

爱·希望·成长

一部揭秘孩子身心成长的密码
一条通往孩子内心世界的捷径

《宝贝，你的世界我知道》

内容简介

教育专家张静从宝宝发育的规律出发，以宝宝的触觉、嗅觉、味觉、听觉、视觉、运动、语言、情绪等8个方面入手，通过宝宝每个成长阶段的不同表现，来揭秘宝宝的脑发育及其影响。本书行文流畅，语言幽默且通俗易懂，能让父母在轻松"悦读"的同时，学习到相关育儿的知识，引导孩子的健康成长。

父母给孩子最好的东西，不是衣食无忧
而是影响其一生的好性格，好性格成就孩子绚烂人生

内容简介

本书以孩子的成长为主线，通过真、善、美的教育理念，专业而翔实地分析了孩子性格养成的影响因素与培养重点，并介绍了各种健康性格因素的养成方法，以及不同健康性格因素对未来不同发展方向的影响。本书观点新颖，书写灵动且极富感染力，并综合了大部分成功父母的家教经验，理论与实操并重，是一本家庭教育类图书难得的佳作。

《好性格影响孩子的一生》

解读孩子的敏感期
了解孩子成长的秘密

《懂孩子才能教孩子》

内容简介

本书由北京明天幼稚集团第九幼儿园园长徐苗佼亲笔撰写，以孩子的不同敏感期——感官敏感期、语言敏感期、秩序敏感期、文化艺术敏感期、情感敏感期等为线索，每个敏感期都通过很多生动的案例来讲解孩子敏感期的各种表现，指导家长正确利用敏感期培养自己的优秀宝宝。书中配有可爱温馨的小漫画，让阅读更加轻松。